PERSPECTIVES



# 50 fiches pratiques pour intégrer SCIENCES PO PARIS

Julia Di Besso

ellipses

**PERSPECTIVES**, une collection dirigée par
Ugo Batini et Guillaume Tonning

ISBN 9782340-075832

8/10 rue la Quintinie 75015 Paris



www.editions-ellipses.fr

À mes enfants.

À mon compagnon.

# Partie 1
# Introduction

1

# → Connaître Sciences Po

Vous êtes en Terminale et vous avez décidé de candidater à Sciences Po ?

Bravo, je vous en félicite et je vais vous guider dans les différentes étapes du processus de sélection afin de maximiser vos chances d'être admis.

La première étape – même si elle est évidente – consiste à comprendre comment est né Sciences Po, quels étaient les objectifs de son père fondateur et comment elle a évolué aujourd'hui pour devenir la meilleure école en sciences sociales.

## 1. Petit rappel sur l'historique de l'institution

En 2022, Sciences Po fête ses 150 ans d'existence.

- Elle a vu le jour en **1872** et s'appelait à l'époque l'École libre des sciences politiques.
- Son fondateur est **Émile Boutmy**, écrivain et politologue français.
- Au sortir de la guerre franco-prussienne et de la défaite française en 1871, Émile Boutmy souhaite créer un établissement d'enseignement supérieur afin de former des élites à déchiffrer le monde, à mieux l'appréhender et à penser de manière libre.
- En 1919, les premières étudiantes femmes sont admises.
- En 1945, Sciences Po devient une institution semi-publique et prend le nom d'Institut d'études politiques (IEP). Elle repose également sur une fondation privée, connue sous le nom de Fondation nationale des sciences politiques (FNSP).
- En 1999, sous l'impulsion de Richard Descoings (ancien directeur de Sciences Po), l'école s'ouvre à l'international et développe des partenariats universitaires à travers le monde entier.
- En 2001, alors que Sciences Po était perçue comme « une école d'élite réservée à l'élite », elle fait de l'égalité des chances sa nouvelle politique en développant des conventions d'éducation prioritaire afin de favoriser l'égalité des chances pour tous.

## 2. Quelques chiffres

Aujourd'hui, Sciences Po :

- regroupe 7 campus,
- accueille 14 000 étudiants,
- 49 % des étudiants sont des étudiants internationaux avec de 150 nationalités différentes,
- 25 % des étudiants sont boursiers,
- 478 partenariats sont établis avec des universités étrangères,
- 25 langues sont enseignées.

## 3. L'esprit Sciences Po

Sciences Po Paris est une grande école de renommée internationale. Si l'excellence des résultats académiques fait partie des critères de sélection, ce qui est déterminant pour le jury, c'est le fameux « esprit Sciences Po ».

### Qu'est-ce que « l'esprit Sciences Po » ?

En juillet 1871, Émile Boutmy, fondateur de l'École libre des sciences politiques, écrivait « qu'informer ne suffira pas, il faut former. Il y a en France un enseignement organisé pour le médecin, pour l'avocat, pour l'ingénieur, pour le militaire, etc. Il n'y en a pas pour l'homme politique. »

Cent trente ans après le vœu du fondateur de Sciences Po, au fil des réformes dont les plus médiatiques furent l'ouverture à l'international et les conventions avec les zones d'éducation prioritaires, Richard Descoings, ancien directeur de l'Institut d'études politiques de Paris de 1996 à 2012, affirmait que « nous ne voulons pas recruter des copies, mais des personnalités ». Cet adage est plus que jamais d'actualité.

### L'esprit Sciences Po se caractérise pour un étudiant par :

- sa capacité à mener un débat et y prendre du plaisir,
- sa vivacité et son ouverture d'esprit,
- sa volonté d'être un libre penseur.

Ce sont ces trois qualités que recherche le jury.

2

## → La scolarité à Sciences Po au Collège universitaire : les grandes lignes à connaître

Le Collège universitaire de Sciences Po est une formation organisée sur 3 ans. Il équivaut à un niveau Bachelor. Les étudiants sont répartis sur 7 campus ayant chacun leurs spécialisations géographiques, excepté le campus de Paris.

**La première année est consacrée à l'apprentissage des enseignements fondamentaux.**

Cette formation est axée autour de 6 enseignements principaux :

- Le droit
- L'économie
- L'histoire
- Les sciences politiques
- La sociologie
- Les humanités politiques

**Pour leur deuxième année de Collège universitaire, les étudiants sont invités à choisir une majeure.**

Les majeures proposées sont les suivantes :

- Économies et Sociétés
- Humanités politiques
- Politique et Gouvernement

**La troisième année se passe obligatoirement à l'étranger**, dans une université partenaire ou en format hybride (un semestre dans une université et un semestre en stage).

## Conseils aux futurs candidat(e)s

- Pour votre dossier d'admissibilité comme pour l'oral, il est important de pouvoir mentionner votre choix de majeure et votre projet de 3e année à l'étranger.
- Cela montre au jury que vous avez une bonne connaissance de l'offre pédagogique.
- Pensez à justifier vos choix de majeures en fonction de votre projet professionnel.

## Ce qu'il faut retenir

| 1re année | 2e année | 3e année |
|---|---|---|
| 6 enseignements fondamentaux | Une majeure à choisir | Une année à l'international |
| ▪ Droit<br>▪ Économie<br>▪ Sociologie<br>▪ Humanités politiques<br>▪ Sciences politiques<br>▪ Histoire | ▪ Économies et sociétés<br>▪ Humanités politiques<br>▪ Politique et Gouvernement | Une année dans une université<br>ou<br>Un semestre dans une université + un semestre en stage |

# → La scolarité à Sciences Po en Master

En postulant pour le Collège universitaire, il est important d'avoir une vue d'ensemble de la scolarité proposée à Sciences Po afin de maîtriser la maquette pédagogique.

Sciences Po propose 7 écoles en niveau Master avec chacune leurs spécialités. Au total, l'offre représente 29 Masters.

## 1. Les 7 écoles au niveau Master à connaître

- L'École d'affaires publiques.
- L'École de droit.
- L'École de journalisme.
- L'École des affaires internationales.
- L'École du management et de l'impact.
- L'École urbaine.
- L'École de la recherche.

**Ce qu'il faut retenir**

| École | Carrière et débouchés |
|---|---|
| École d'affaires publiques | Administration et haute fonction publique |
| École de droit | Métiers juridiques |
| École de journalisme | Métiers du journalisme |
| École des affaires internationales | Carrières au sein des institutions internationales, ONG |
| École du management et de l'impact | Audit, conseil, assurances, ressources humaines, banques |
| École urbaine | Politiques des villes et des territoires |
| École de la recherche | Enseignement et recherche, doctorat |

# 4

## → Le parcours civique

**L'engagement est un concept déterminant à Sciences Po**. Au-delà de votre goût pour les sciences sociales, l'institution recherche des candidats engagés pour une cause et avec une conviction citoyenne. Pour vos épreuves de sélection écrites comme orales, vous devez savoir en quoi consiste le parcours civique à Sciences Po.

### 1. Qu'est-ce que le parcours civique ?

Le parcours civique est inscrit dans la scolarité de Sciences Po depuis 2017 avec la réforme du Bachelor. L'objectif est de former des étudiants en sciences sociales et de les sensibiliser à s'engager au service des autres, notamment des plus démunis. Il s'agit en effet pour les étudiants de prendre en compte les réalités sociales et de militer pour une cause. Il a longtemps été reproché à Sciences Po de former des élites « déconnectées de la réalité ». À travers le parcours civique, l'objectif est de prendre conscience des réalités de terrain et de s'engager en menant des actions concrètes. **C'est avant tout une action citoyenne**. Il faut montrer en quoi vous pouvez vous engager pour les autres.

### 2. Quels sont les engagements possibles ?

Le but du parcours civique est de confronter les étudiants à une réalité qu'ils n'auraient peut-être jamais appréhendée. Tous les engagements sont possibles à partir du moment où ils relèvent **d'une mission d'intérêt général**.

### 3. Dans quels secteurs ?

Tous les secteurs sont envisageables à l'échelle locale, nationale voire internationale. Les missions peuvent être en lien avec :

- L'enseignement (tutorat aux élèves en grande difficulté, apprentissage du français aux réfugiés politiques…).
- L'environnement (ateliers de sensibilisation au zéro plastique, marche contre la pollution).

- La justice (aide aux victimes, soutien et écoute aux femmes battues, aux enfants maltraités…).
- La culture (aide à la restauration de sites historiques).
- La santé (visites en Ephad, actions pour lutter contre le Sida, aide à la collecte ou distribution de denrées alimentaires…).
- Des associations caritatives et humanitaires (réalisation de maraudes auprès de sans-abris).

**Le tout est de participer à des actions concrètes sur le terrain et de s'engager.**

## 4. Comment s'organise le parcours civique dans la scolarité à Sciences Po ?

Le parcours civique est un pilier fondamental de la scolarité à Sciences Po. Il est obligatoire pour tous les étudiants et se déploie sur les trois années du Bachelor. Il donne lieu à une notation et à une validation de crédits.

**En première année** : les étudiants rédigent une lettre d'engagement pour définir le point d'ancrage de leur projet civique. À la fin de leur première année, pendant l'été, ils doivent effectuer un stage de terrain de 140 heures.

**En deuxième année** : les étudiants travaillent leur parcours pour une durée de 60 heures réparties sur l'année.

**En troisième année** : les étudiants rédigent leur rapport de parcours civique dans lequel ils relatent leurs expériences et donnent leurs conclusions. **Cela s'appelle le grand écrit.**

Vous devez valider votre parcours civique pour valider vos trois années de Bachelor.

## 5. Parler de mon engagement lors la procédure d'examen

### Pour votre dossier écrit

L'engagement citoyen est déterminant à Sciences Po. Il fait partie d'une des questions de vos écrits de motivation. Il est donc très important que :

- Vous listiez tous vos engagements associatifs, caritatifs, humanitaires.
- Si vous n'avez aucun engagement, ne mentez pas. Dites ce que vous aimeriez faire pendant vos 3 années de parcours civique. Surtout, n'inventez pas car le jury s'en apercevrait très rapidement et vous seriez pénalisé.

- Si en revanche, vous êtes déjà engagé, expliquez comment vous pourriez poursuivre votre engagement par rapport à vos choix de campus. Y a-t-il une entité de cette association présente dans la ville du campus ?
- Donnez des réponses très concrètes à votre projet d'engagement : Quelle association ? Avec qui ? Objectif recherché ? Quelles missions ? Pourquoi ? Détaillez avec précision comment vous pensez vous impliquer.

**Lors de votre oral d'admission**

- Pour l'oral, il est attendu que vous connaissiez le concept de parcours civique. Maîtrisez bien ce concept et son organisation dans la scolarité car sinon on vous le reprochera.
- Ne multipliez pas vos désirs d'engagement : une cause suffit si elle est bien justifiée.
- Le jury attend du concret donc donnez le plus de détails possibles sur votre projet d'engagement : nombre d'heures par semaine, vos missions, comment cela pourra être compatible avec votre scolarité...
- Expliquez pourquoi vous voulez vous engager et en quoi cette cause vous tient à cœur.

# 5

## → La 3e année à l'étranger ou l'importance de la mobilité à l'international

- Depuis plus de 15 ans, Sciences Po s'est ouvert à l'international et a fait de la mobilité son fer de lance académique.
- La 3e année à l'étranger est un élément très attractif pour les futurs candidats. En effet, grâce aux partenariats mis en place par l'institution, les étudiants doivent passer leur 3e année de Bachelor soit dans une université partenaire à l'étranger, soit de passer une année hybride combinant un semestre d'études et un semestre de stage à l'international.
- Le choix est vaste, avec plus de 478 universités partenaires dans le monde.
- Les étudiants peuvent séjourner dans une université de la zone d'affectation de leur campus ou suivre des enseignements liés à leur spécialisation géographique ailleurs dans le monde.
- **La 3e année du Bachelor** se passe obligatoirement à l'étranger, que ce soit en séjour d'études au sein d'une université partenaire, en stage ou en projet personnel.

### Mes conseils pour votre dossier

- Regardez en ligne sur le site de Sciences Po les universités partenaires classées par pays. Le lien https://www.sciencespo.fr/international/fr/universites-partenaires.
- À l'oral d'admission, le jury peut déjà vous poser la question de savoir où vous souhaiteriez faire votre 3e année à l'étranger si votre candidature est retenue. Même si la perspective vous semble lointaine, il est important de pouvoir anticiper votre réponse.
- Le plus important est de montrer la cohérence de votre choix par rapport à votre parcours académique et vos choix de campus. Si vous postulez pour le campus de Reims et que vous êtes en section européenne anglais, il serait plus logique d'opter pour une 3e année dans une université anglophone. De même, si vous postulez pour le campus de Menton, il est cohérent de faire le choix d'une université au Moyen-Orient.

- Si votre candidature est retenue, vous aurez le temps de changer d'avis. À cette étape de sélection, le jury veut juste s'assurer que vous avez une connaissance de sa maquette pédagogique et de la cohérence de votre choix.
- Si la question vous est posée, vous pouvez proposer une zone géographique plutôt qu'une université précise.
- Si vous avez déjà identifié les universités partenaires susceptibles de vous intéresser, dites-le lors de l'entretien. Cela attestera de votre intérêt pour l'institution et de votre recherche en amont.
- Le jury est à la recherche de candidats avec une grande ouverture d'esprit. Mettez en avant votre motivation pour l'international.
- Une fois votre zone ou université choisie, réfléchissez à ce que cette année de mobilité pourrait vous apporter sur différents plans : renforcement linguistique (je consolide ma connaissance d'une langue étrangère), apport interculturel (je découvre une nouvelle culture et je sors de ma zone de confort), concrétisation d'un projet professionnel.
- Ayez toujours à l'esprit que ce partenariat doit vous enrichir.
- Dernier conseil : soyez vous-même et sincère.

6

## → Les différents campus et leurs spécificités

Sciences Po compte 7 campus répartis en France. Chaque campus propose une spécialisation géographique.

Les matières enseignées sont communes à chaque campus.

En candidatant au Collège universitaire, vous allez devoir choisir 2 campus parmi les 7. Ce choix est déterminant et ne peut pas être improvisé. C'est pourquoi il est important de connaître l'offre de chaque campus et ses spécificités régionales.

Le tableau ci-dessous résume les grandes lignes :

| Campus | Spécificités régionales |
|---|---|
| Paris | Pas de spécificité régionale<br>Enseignement général |
| Reims | Amérique du Nord et Afrique |
| Le Havre | Asie et Pacifique |
| Menton | Moyen-Orient |
| Dijon | Europe centrale et orientale |
| Nancy | Europe et le couple franco-allemand |
| Poitiers | Espagne, Portugal et Amérique latine |

**Attention** : Les campus de Reims et du Havre offrent également des formations dispensées tout en anglais (*English track*).

# Partie 2
# Sciences Po sur Parcoursup

## → Les modalités pratiques du nouveau format de l'épreuve et les critères

En 2022, les candidats ont postulé sur Parcoursup pour la première fois. Cette procédure s'adresse aux futurs bacheliers de lycées généraux et techniques ainsi qu'aux candidats relevant de la Convention d'Éducation Prioritaire.

La session 2022 du concours d'admission a inauguré deux nouveaux éléments :

- Une procédure unique et simplifiée sur Parcoursup.
- Une épreuve unique pour les bacheliers des lycées français, les candidats des CEP et les bacheliers des lycées français à l'étranger.

**Attention**

- Les candidats qui préparent un baccalauréat français s'inscrivent sur le portail Parcoursup.
- Les candidats qui préparent un diplôme de fin d'études à l'étranger s'inscrivent sur le portail de Sciences Po.
- Si je suis issu d'un lycée ayant signé une Convention Éducation Prioritaire, je candidate sur la plate-forme Parcoursup. Mon dossier sera évalué parmi les dossiers des autres candidats issus de lycée de Convention d'Éducation Prioritaire.
- Si je postule en Bachelor au Collège universitaire, j'ai la possibilité de déposer également un dossier de candidature pour des doubles diplômes.

## Je retiens

| | Je m'inscris sur Parcoursup | Je m'inscris sur le site de Sciences Po | Je m'inscris sur le site des universités partenaires |
|---|---|---|---|
| Je suis en France et je prépare un bac français | × | | |
| Je suis en lycée français à l'étranger et je prépare un bac français | × | | |
| Je prépare un diplôme de fin d'études étranger | | × | |
| Je suis issu d'un lycée ayant signé une Convention d'Éducation Prioritaire | × | | |
| Je postule pour un double diplôme | | × | × |

### Rappel sur les critères d'éligibilité

- La procédure d'admission unique se décline à travers **plusieurs voies d'accès qui prennent en compte la situation du candidat**. Il appartient à chaque candidat de déterminer quelle est la voie d'accès qui correspond à sa situation au moment de présenter sa candidature.
- L'accès à la candidature au Bachelor de Sciences Po est soumis à des critères d'éligibilité. Ainsi, peut se porter candidat à l'entrée en première année de Sciences Po tout élève qui prépare le baccalauréat général ou technologique français ou un diplôme d'études secondaires étranger équivalent au baccalauréat français dans l'année civile de son inscription.
- Le concours pour le Collège universitaire est ouvert exclusivement aux étudiants bacheliers.
- On ne peut présenter le concours d'entrée en Bachelor qu'une seule fois.

## 1. Les quatre épreuves communes à tous les candidats

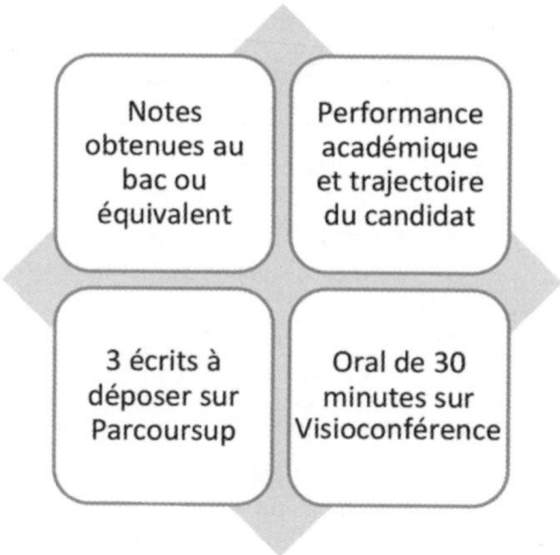


- Épreuve 1 : Les notes obtenues au baccalauréat ou son équivalent étranger.
- Épreuve 2 : Performance académique et trajectoire du candidat.
- Épreuve 3 : Trois écrits à déposer sur Parcoursup.
- Épreuve 4 : Oral de 30 minutes en vidéoconférence.

## 2. L'importance de bien constituer son dossier pour l'admissibilité

La rédaction de votre dossier est fondamentale car elle doit détailler l'ensemble de votre parcours académique tout en mettant en valeur vos motivations, vos capacités rédactionnelles et votre réflexion personnelle.

**L'évaluation du dossier permet à chaque candidat d'obtenir 3 notes sur 20** :

- Une note pour les résultats du baccalauréat.
- Une note pour la performance académique et la trajectoire du candidat.
- Une note pour vos écrits.

## 3. L'oral ou l'épreuve d'admission

Si votre dossier est retenu, vous recevrez une convocation avec un lien de connexion pour faire votre entretien à distance. Notez que l'entretien peut avoir lieu tous les jours de la semaine y compris un samedi ou jour férié. Sa durée est de 30 minutes.

## Je retiens

### Épreuves d'admissibilité

**Epreuves d'admissibilité**

| | | |
|---|---|---|
| Notes du bac ou équivalent → | Moyenne de mes résultats (quantitatif) → | Sur 20 points |
| Ma performance académique et ma trajectoire → | Ma progression et les appréciations de mes enseignants (qualitatif) → | Sur 20 points |
| Les 3 écrits à déposer sur Parcoursup → | Motivation et projet<br>Un essai<br>Activités et centre d'intérêt → | Sur 20 points |

**Epreuves d'admission**

| | | |
|---|---|---|
| Un oral sur Zoom de 30 minutes → | Présentation du candidat<br>Analyse d'image<br>Echange libre → | Sur 20 points |

8

# → Le calendrier et mode d'emploi pour s'inscrire sur Parcoursup

**Rappel** : Pour les étudiants qui préparent un baccalauréat en France ou dans un lycée français à l'étranger ou qui sont dans un établissement avec une Convention d'Éducation Prioritaire, l'inscription sur Parcoursup est obligatoire et suit un calendrier précis qui se décline en trois phases distinctes.

## 1. Première phase : de janvier à mars

De janvier à début avril, les candidats doivent inscrire leurs vœux sur Parcoursup.

- Ils ont la possibilité de postuler **à la fois** pour le Collège universitaire et pour des doubles diplômes.
- Pour le vœu de Bachelor, le candidat doit indiquer 2 sous-vœux qui correspondent à ses 2 choix de campus.
- La procédure de sélection au double diplôme répond aux mêmes critères de sélection que la procédure d'admission pour l'entrée au Bachelor du Collège universitaire.
- Chaque double diplôme constitue un vœu à part sur la plateforme de Parcoursup.
- Si vous formulez un vœu pour le Bachelor de Sciences Po et un ou plusieurs vœux pour des doubles diplômes, ces vœux seront évalués distinctement.

**Précision** :

Vous avez la possibilité de modifier votre dossier et vos choix jusqu'à la clôture des inscriptions tant que vous ne validez pas définitivement votre dossier.

- Mon conseil : commencez à travailler sur votre dossier dès le mois de janvier et déposez vos pièces au fur et à mesure.
- Pensez à valider vos droits d'inscription (environ une centaine d'euros) sinon votre dossier ne sera pas complet et ne pourra pas être examiné.

## 2. Deuxième phase : avril

- Les dossiers sont examinés par le jury.
- Un dossier sur 20 sera retenu pour l'oral.

## 3. Troisième phase : mai-juin

- Début mai : résultats de l'admissibilité et des oraux d'admission.
- Début juin : résultats d'admission.

### Je retiens

| JANVIER | FÉVRIER | MARS | AVRIL | MAI |
|---|---|---|---|---|
| De mi-janvier à début avril : S'inscrire pour formuler ses vœux et valider son dossier Pour le vœu de Bachelor, indiquer 2 sous vœux parmi les programmes proposés par les 7 campus | | | Examen et Évaluation des Candidatures | Entretien, oral à distance<br>**Fin mai : Confirmation des Admissions** |

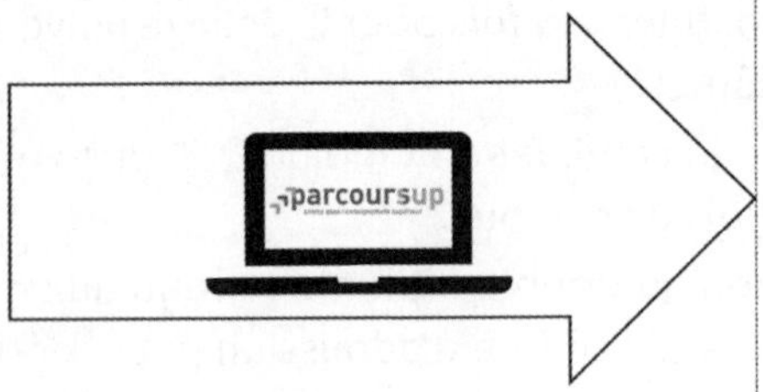


## 4. Les Journées Portes Ouvertes

- Chaque année, Sciences Po organise des sessions de Journée portes ouvertes en ligne qui commencent généralement en novembre. C'est l'occasion pour vous de poser vos questions, de demander des informations complémentaires sur les modalités d'inscription, la constitution des pièces de votre dossier et surtout d'échanger avec les responsables de programme et des élèves de Sciences Po.
- Les sessions ont généralement lieu le samedi. Saisissez cette opportunité pour vous inscrire et poser vos questions.

9

## → Les pièces à déposer sur Parcoursup pour le Collège universitaire

Depuis la session 2022, vous devez vous inscrire sur Parcoursup pour vous inscrire au concours de Sciences Po au Collège universitaire.

Les inscriptions ont lieu généralement **entre mi-janvier et mars**.

Vous avez la possibilité de modifier votre dossier et de rajouter ou compléter des pièces pendant ces 3 mois, puis de valider votre dossier quand vous êtes sûr de vous et que tout est complet.

Ne vous y prenez pas non plus la veille de la clôture car vous n'êtes jamais à l'abri d'un souci technique. Évitez-vous donc du stress inutile et validez tous vos documents 15 jours avant la date limite de clôture.

### Quels documents sont à déposer sur Parcoursup ?

- Bulletins de seconde (les 3 trimestres) qui sont déposés par le candidat.
- Bulletins de première et de terminales qui sont transmis par l'établissement dans Parcoursup.
- La fiche Avenir transmise par l'établissement.
- Votre écrit de motivation.
- Votre essai.
- Rubrique sur vos activités et centres d'intérêt à compléter par le candidat dans Parcoursup.

10

## → Quels sont les doubles diplômes proposés à Sciences Po ?

Sciences Po propose 2 types de doubles diplômes :
- Les doubles diplômes avec des universités françaises.
- Les doubles diplômes avec des universités étrangères.

Vous pouvez postuler **à la fois** sur Parcoursup et sur les doubles diplômes. Il s'agit de deux procédures différentes.

### 1. Les doubles diplômes avec les universités françaises

Sciences Po a mis en place des doubles diplômes avec des universités françaises, à savoir :
- Université Paris 1 Panthéon Sorbonne en Mathématiques appliquées et Sciences sociales.
- Université de la Sorbonne Paris IV en Lettres, Histoire ou Philosophie.
- Université de Paris dans le cadre du Bachelor of Arts and Sciences.
- Université de Reims Champagne Ardenne avec un Bachelor of Arts and Sciences.

### 2. Les doubles diplômes avec les universités étrangères

- Columbia University à New-York aux États-Unis.
- Freie Universität à Berlin en Allemagne.
- Keio University à Tokyo au Japon.
- National University of Singapore, à Singapour.
- The University of Hong Kong.
- The University of Sydney en Australie.
- University of British Columbia au Canada.
- University of California, Berkeley aux États-Unis.
- University College London à Londres au Royaume-Uni.

**Je retiens**

- Les universités étrangères ont leur propre processus de sélection. Il faut consulter le site de chaque université partenaire ou cliquer sur le site de référencement des doubles diplômes de Sciences Po https://www.sciencespo.fr/admissions/fr/college-doubles-diplomes.html.
- Il faut faire attention au calendrier d'admission et au test de langue qui peut être demandé. Généralement, les universités demandent un test d'aptitude en anglais (IELTS avec un score minimum de 7 ou un TOEFL version Internet avec un minimum de 100 points).
- Si vous souhaitez postuler pour un double diplôme, je vous conseille vivement de passer l'IELTS ou le TOEFL bien en amont afin d'avoir vos résultats pour le mois de décembre de votre année de Terminale. Ces tests sont valables 2 ans et vous pouvez les présenter autant de fois que vous le souhaitez jusqu'à ce que vous obteniez le score requis.
- Les sélections pour les doubles diplômes sont très rigoureuses et les places sont peu nombreuses. C'est une procédure extrêmement sélective.

# Partie 3
# L'épreuve d'admissibilité

# → Les notes obtenues au baccalauréat

Les notes que vous avez obtenues au baccalauréat constituent le premier bloc de l'évaluation de votre dossier et représentent un tiers de votre note d'admissibilité.

## Quelles sont les épreuves et les notes prises en considération ?

- Vos résultats au baccalauréat de français de première.
- Vos résultats des évaluations communes en première (Histoire-géographie, LV1, LV2, enseignement scientifique et EPS).
- Vos résultats en enseignements de spécialités.

Le jury fait une moyenne non pondérée des notes obtenues sur la base des données transmises par Parcoursup.

12

# → La performance académique et la trajectoire du candidat. Quels sont les critères évalués dans mon dossier scolaire ?

## 1. Modalités d'évaluation

Votre parcours académique et votre trajectoire font partie du deuxième bloc d'évaluation de votre dossier.

Si l'épreuve précédente évalue vos résultats scolaires de manière quantitative, cette épreuve vise à évaluer votre parcours académique au lycée d'un point de vue qualitatif.

Votre parcours et vos notes vont être évalués par deux examinateurs différents.

Chaque examinateur vous administrera une note sur 10 points, pour un total noté sur 20.

## 2. Les pièces qui vont être examinées pour cette épreuve

- L'ensemble des bulletins scolaires de la seconde à la terminale.
- La fiche Avenir de Parcoursup.

La Fiche Avenir comprend :

- Les moyennes du candidat en classe de terminale, les appréciations des professeurs ainsi que son rang dans la classe.
- Les appréciations détaillées du professeur principal.
- L'avis du chef d'établissement et du conseil de classe.

## 3. Que recherche Sciences Po Paris ?

Sciences Po recherche l'excellence académique et valorise la diversité des profils. Il n'y a pas un profil « type Sciences Po ». Toutes les spécialités sont acceptées, voie générale, technique ou technologique.

### Quels sont les critères pris en compte les examinateurs ?

Cette deuxième épreuve est avant tout qualitative et va étudier les spécificités académiques de chaque candidat.

Il y a **8 critères fondamentaux** qui vont être étudiés de très près afin d'évaluer votre dossier de candidature :

- **Critère 1 : L'évolution de vos résultats et votre progression au fil de vos années de lycée.** L'excellence est bien évidemment recherchée mais le jury apprécie également les candidats qui ont su progresser au fil de leur scolarité.
- **Critère 2 : La régularité de vos résultats.** Le jury attend des résultats constants ou en évolution à la hausse.
- **Critère 3 : Votre investissement et votre persévérance en cours et en classe.** Le jury va étudier avec beaucoup d'attention les commentaires des enseignants témoignant (ou non) de votre participation et investissement.
- **Critère 4 : Votre classement dans le groupe classe.** Êtes-vous en tête de classe ou au contraire en fin de peloton ? Cette donnée sera notamment précisée dans la Fiche Avenir.
- **Critère 5 : Les récompenses décernées lors des conseils de classe** (félicitations régulières ou occasionnelles) ou au contraire les avertissements qui sont rédhibitoires à votre candidature.
- **Critère 6 : Votre environnement éducatif.** Venez-vous d'une filière exigeante, faites-vous un baccalauréat binational, êtes-vous inscrit dans une filière européenne ou en option internationale ? Avez-vous été présenté à des concours généraux ?
- **Critère 7 : Votre comportement en classe.** Êtes-vous assidu, bavard ? Avez-vous des absences injustifiées, des retards systématiques ?
- **Critère 8 : Les spécificités de votre profil.** Êtes-vous boursier ? Sportif de haut niveau ? En situation de handicap ?

## Je fais mon auto-évaluation de ma trajectoire académique en 10 questions

| | Oui | Non |
|---|---|---|
| J'ai toujours les félicitations au Conseil de Classe | | |
| J'ai fait des progrès entre ma classe de seconde et de terminale | | |
| Je n'ai aucune appréciation négative sur mon comportement | | |
| Je suis en tête de classe | | |
| Je n'ai aucun retard ni absence injustifiée | | |
| Je suis investi en classe et dans la vie du lycée (délégué, éco-délégué) | | |
| Les professeurs soulignent mon sérieux et ma persévérance | | |
| J'ai été présenté au concours général | | |
| Mes bulletins soulignent ma capacité d'analyse et de réflexion | | |
| Je suis constant dans l'excellence de mes résultats | | |
| **Mon score** | **Nombre de oui :** | **Nombre de non :** |

**Estimations :**

- De 0 à 4, oui : votre note sur cette épreuve pourrait être comprise entre 1 et 9/20.
- De 5 à 7, oui : votre note sur cette épreuve pourrait être comprise entre 10 et 14.
- De 8 à 10, oui : vous êtes susceptible d'obtenir une excellente note à cette épreuve. Bravo !

# → L’essai

**Rappel**

- La troisième épreuve est celle des écrits.
- Dans cette épreuve, le jury va évaluer la maîtrise de l’expression écrite ainsi que la réflexion personnelle du candidat.
- Cette épreuve est évaluée par deux examinateurs distincts.
- Chaque évaluateur attribue une note sur 10 pour donner une note totale sur 20.
- L’essai est noté sur 6 points et les écrits de motivation sur 4.

**Je retiens**

▸ Épreuves écrites

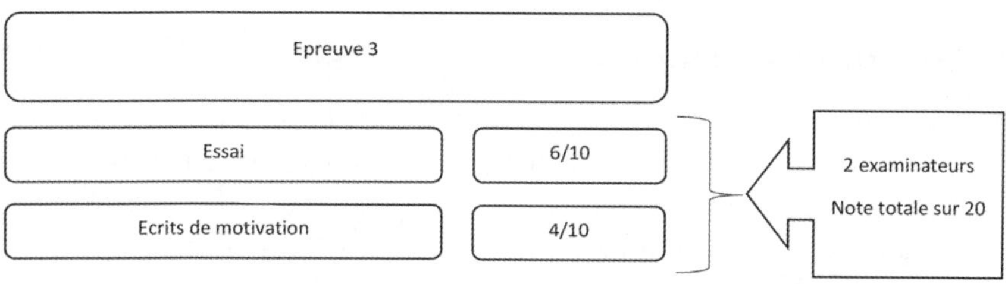


## 1. Les modalités de l’essai

Le candidat **a le choix entre 5 questions**. À titre d’exemple, pour la session 2022, les 5 questions proposées étaient les suivantes :

- **Choisissez une œuvre musicale ou cinématographique du XXIe siècle qui mériterait selon vous de traverser les époques. Expliquez et justifiez votre choix.**
- **Lorsque vous réfléchissez au monde d’aujourd’hui et à ses évolutions, qu’est-ce qui vous donne de l’espoir pour l’avenir et pourquoi ?**
- **À quel événement de la seconde moitié du XXe siècle auriez-vous souhaité participer, dans quel rôle et pourquoi ?**

- **5 % du budget de votre commune sont désormais alloués à un projet porté par les 15-20 ans : quelle initiative proposez-vous et quels arguments mobilisez-vous pour emporter l'adhésion ?**
- **Quelle statue voudriez-vous ériger dans l'espace public de votre pays ? Rédigez le discours qu'une personnalité politique pourrait prononcer lors de l'inauguration de la statue.**

Le candidat ne doit choisir qu'un seul sujet d'essai.

L'essai doit faire entre 3 000 et 4 000 caractères et doit être déposé sur la plateforme de Parcoursup.

## 2. Le choix du sujet

- Les sujets changent chaque année, au fil des sessions. Toutefois, ils ont des caractéristiques communes. En effet, ils sont tous suffisamment larges et axés autour **d'une réflexion** sur la culture, l'histoire ou l'actualité.
- Chaque sujet est lié **à un enjeu** que le candidat doit clairement identifier.

## 3. Les critères du jury

- Le jury attend de vous une réponse précise et surtout personnelle et argumentée. Votre essai doit être solidement construit selon un plan rigoureux et une ligne directrice.
- L'essai est avant tout une réflexion personnelle. Il s'agit de mettre en valeur votre sens critique et d'étayer votre jugement. Le jury ne valorise pas les juxtapositions de jugements d'auteurs. Seule votre réponse l'intéresse.
- La qualité rédactionnelle de votre essai est primordiale. Ce dernier se doit d'être rédigé dans un style académique, sans faute d'orthographe ni de syntaxe.
- Vous devez avant tout convaincre par vos propos.

### Les écueils à éviter et qui sont fortement pénalisés par le jury

- Le plagiat.
- Le recopiage de pensées d'auteurs sur la thématique, le verbiage.
- L'absence de réflexion personnelle et de sens critique.
- Le hors-sujet.

- L'absence de prise de position.
- Le non-respect des repères temporels (ex : vous avez choisi une œuvre de la première moitié du XXe siècle au lieu de la seconde moitié).
- Le non-respect de la forme rhétorique : si vous choisissez le sujet sur le discours, vous devez écrire votre texte comme un discours.
- Respectez le style académique de l'exercice et évitez de faire trop d'originalité dans le style, en écrivant votre essai sous forme de poème de haïku ou de chanson version rap. L'originalité est admise à Sciences Po mais le style doit demeurer académique.

## 4. Comment s'entraîner ?

Je vous conseille de vous y prendre bien avant la date de clôture des dossiers sur Parcoursup. Les essais demandent de la réflexion et il est important de laisser reposer son sujet afin de le retravailler. Prévoyez de rédiger votre essai au moins 6 semaines avant la date butoir.

Cela vous donnera une plus grande latitude pour repenser votre travail et éventuellement l'améliorer. Par ailleurs, vous n'êtes jamais à l'abri d'un souci informatique ou de saturation sur la plateforme de Parcoursup. Ne prenez aucun risque et déposer vos écrits bien en amont.

Chaque sujet étant spécifique, il y a néanmoins une méthodologie commune à suivre afin de respecter les modalités de l'épreuve.

# Le schéma à retenir pour préparer mon essai

## Préparer mon essai

| | |
|---|---|
| Choix du sujet | A quel événement de la seconde moitié du XXe siècle auriez-vous souhaité participer, dans quel rôle et pourquoi ? |
| Analyser chacun des termes du sujet | Evènement historique précis<br>Ma contribution et mon rôle<br>Justification de mon action |
| Définir les repères spatio temporels | Période : 1950 à 2000 |
| Quel est l'enjeu du sujet ? | Participer et jouer un rôle dans l'histoire |
| Quel est son regard sur ce sujet ? | Mon apport à un évènement historique |
| Mon argumentaire | Changer le cours de l'histoire<br>Mon implication active<br>Mes missions |

# → Exemple n° 1 d'essai

## → *À quel événement de la seconde moitié du XXe siècle auriez-vous souhaité participer, dans quel rôle et pourquoi ?*

Le 6 novembre 1999, le référendum australien sur la république prenait place. Il interroge les habitants sur l'avenir politique de l'Australie. La question posée fut : « L'Australie doit-elle abolir la monarchie et devenir une République ? ». Ce référendum s'inscrit dans un contexte de crise politique en Australie. Déjà, en février 1998, le Parlement s'était réuni pour débattre de cette éventualité. Il y a eu en Australie, tout au long du XXe siècle, des mouvements républicains de grande ampleur. Encore plus en 1990, depuis l'élection de Paul Keating au poste de Premier ministre. Ce leader du parti travailliste, éduqué par un père syndicaliste et nourri aux idées républicaines, a naturellement essayé de faire de l'Australie une république. C'est ainsi que l'idée commença à prendre forme. Après un passage au Parlement, il fut décidé que le Président serait élu par un modèle bi-partisan, c'est-à-dire par le Parlement fédéral australien. Et c'est ainsi que ce référendum fut proposé aux Australiens le 6 novembre 1999. S'ensuivit alors une longue et passionnante campagne, où l'électorat se divisa en deux, les défenseurs de la monarchie et ceux en faveur d'une République. Alors que l'on s'attendait à une victoire du Oui, le Non l'emporta de 55 % contre 45. L'Australie restera fidèle à son histoire.

Le choix de ce sujet peut paraître obscur. Qu'est donc ce référendum face aux crises, aux guerres et aux prouesses qui ont marqué le XXe siècle ? Il ne fut à l'échelle du monde qu'une poussière, mais eut en Australie un retentissement considérable. J'ai donc choisi ce sujet pour l'avoir étudié pendant mon séjour de 6 mois en Australie. Il m'avait vraiment touché et cela a déclenché en moi une volonté de comprendre. Comprendre les causes, les conséquences et surtout, répondre à toutes les questions que me posait cet événement, en apparence banal. J'aurai énormément aimé participer aux débats, aux discussions pendant les sessions parlementaires, ou en famille. Les brefs passages télévisés que j'ai regardés m'ont passionné. L'éloquence des représentants, la division profonde au sein d'une population, un véritable acharnement à défendre sa position. Il y avait dans cet évènement un relent de l'affaire Dreyfus. Avec la même passion. J'en ai beaucoup parlé avec ma famille australienne, et en son sein même régnait la division des idées, le débat et surtout le même amour pour la politique. J'ai donc découvert autour de vieux débats sur un sujet brûlant d'actualité, la passion de la politique.

Si je n'avais qu'un rôle à jouer, je prendrais la place du premier ministre, Paul Keating. Déjà parce qu'en tant que Français, je comprenais son élan républicain, son ambition de faire avancer l'Australie dans une voie nouvelle, de renverser la monarchie par la République. N'avons-nous pas fait de même en France ? Et puis c'est un homme fascinant, plus jeune ministre et député d'Australie, issu d'un milieu ouvrier. En regardant ses discours et en déchiffrant son livre Advancing Australia, je me suis épris de ce politique qui a essayé de changer l'avenir politique d'un pays par la seule force de ses idées.

En étudiant cet évènement, je me suis posé des questions que je n'avais jamais soulevées auparavant. Par exemple, j'ai beaucoup réfléchi à ce concept de « transition ». Ce passage d'un régime politique à un autre, d'une manière démocratique et pacifique qui plus est. J'ai cherché des exemples semblables, et il y en a eu relativement peu. Beaucoup se sont passés dans le sang et par la volonté d'un seul homme. Ce référendum m'a donné le goût pour la politique et le débat. Défendre ses valeurs, ses idées avec passion est la plus belle chose qui m'a été donnée à voir.

**Commentaire** : Essai sur un évènement original, bien mené et argumenté mais les éléments attendus sont présents. Lien intéressant entre l'événement et la réflexion personnelle du candidat.

# → Exemple n° 2 d'essai

→ *Qu'est-ce qui vous apporte de la joie ? Expliquez et développez.*

**Réponse à la question ouverte**

La joie est un sentiment de plénitude qui affecte l'être entier au moment où ses aspirations, ses ambitions, ses désirs ou ses rêves viennent à être satisfaits. Du moins est-ce une synthèse de différentes définitions que j'ai pu trouver de cet état émotionnel. Il me semble alors étrange que ma réalité soit si éloignée de ces affirmations. En effet, ce qui m'apporte de la joie c'est justement ce à quoi je ne m'attends pas. Ce n'est pas quand mes aspirations ou mes ambitions viennent à se réaliser, ce n'est pas non plus quand mes rêves finissent par se concrétiser. Paradoxalement, l'aboutissement de telles choses m'apporte plutôt un sentiment d'angoisse : je ne peux m'en satisfaire car je sais que ces quelques réussites, ces moments de fierté fugace, ne constituent pas une fin en soi. Ainsi quand un projet pour lequel je formulais de grandes espérances en vient à se réaliser, c'est un sentiment de déception qui m'envahit, et prend la place de mon excitation. Car c'est le processus de réalisation, les difficultés rencontrées sur son chemin, qui m'apportaient un sentiment d'espoir que l'on pourrait assimiler à de la joie, et non son aboutissement en tant que tel, qui ne fait que mettre en évidence le vide qui se trouve de l'autre côté. C'est l'idée qui fait naître la joie et non sa réalisation. Alors qu'est-ce qui m'apporte de la joie ? Une addition de sentiments « éclairs » provoqués par des choses absolument banales et qui peuvent se présenter à nous chaque jour de façon très simple. Marcher dans la rue quand l'air est doux et que mon jean ne se montre ni trop capricieux ni trop jaloux et n'emprisonne pas mes cuisses, leur laissant toute liberté d'action ainsi que le confort nécessaire à une bonne balade. L'odeur peu subtile du café fort dont les grains grossiers se diluent lentement dans l'eau de la tasse de mon père, en début d'après-midi, quand le soleil, qui daigne enfin descendre de son zénith, nous enveloppe de sa chaleur bienvenue. La sensation de mon oreiller doté d'une taie fraîchement lavée contre ma joue quand, après une journée particulièrement longue passée dans la poussière de la ville, je me glisse dans mon lit en espérant y trouver un sommeil réparateur. En somme des petits riens bien insignifiants, des moments de vie qui n'attirent pas notre attention sur le moment, mais qui nous laissent pourtant une telle impression de bien-être qu'ils se rappellent à notre souvenir parfois longtemps après. Ce sont ces petits moments du quotidien que je chéris et qui se rapprochent le plus de ce que je pourrais appeler de la joie, tant le sentiment de plénitude qui m'envahit alors est comparable à celui que ressentit Ulysse quand il vit les premiers rochers de l'île d'Ithaque après en avoir été séparé vingt années durant : ils sont pareils à un retour d'exil. Ces parce qu'ils sont si peu extraordinaires et se rencontrent régulièrement que ces moments sont si précieux. En effet, c'est cette cyclicité, promesse d'un retour certain, qui m'apporte un sentiment de réconfort, une sensation de douce quiétude que j'associe sans honte à de la joie. Ces petits riens sont la preuve que, de quoi que soit fait mon avenir, d'or ou de cendres, je pourrai toujours me raccrocher à ses choses simples. Et c'est sans aucun doute là que réside toute la beauté du sentiment : son origine délicieusement banale, sans prétention aucune. Ma joie n'est donc pas une tendance générale mais se caractérise par la brièveté de ces moments qui ponctuent le quotidien et sont pareils à une échappatoire, une pause soudaine dans la course effrénée de la vie qui en appelle sans cesse à notre performance, nous assaille de désirs et d'aspirations qui se transforment vite en malédictions tant leur réalisation semble impossible, et nous accable bien souvent d'un sentiment amer de déception qui sonne comme la dure récompense d'une attente déçue. Ces joies sont salutaires : pendant un instant, c'est s'arrêter de vivre et de se tourmenter pour simplement exister et ressentir.

**Commentaire** : Exemple d'essai bien rédigé, personnel et très littéraire.

16

# Les écrits de motivation

## 1. Présentation et critères d'évaluation

- Les écrits de motivation consistent en la rédaction de 3 questions : sur le parcours académique, le choix de campus et le projet envisagé par le candidat.
- Les écrits de motivation sont évalués par 2 examinateurs.
- Les écrits de motivation sont notés sur 4.
- Un point est attribué pour la qualité rédactionnelle.
- Chaque réponse fera environ 2 000 caractères.
- La réponse à ces questions doit être la plus précise, personnelle et la **plus honnête** possible.

→ ***Question 1 : Quelle est l'origine de votre intérêt pour les sciences humaines et sociales ? En quoi les contenus et méthodes de l'enseignement délivré à Sciences Po répondent-ils à votre projet d'études ?***

- Il convient de montrer le lien entre votre intérêt pour les sciences sociales et Sciences Po.
- Il faut donner des exemples précis (lectures, conférences, un enseignant, un cours au lycée, un choix de spécialité…).
- Le candidat doit consulter la maquette pédagogique et regarder les cours enseignés afin de se les approprier.
- Montrez en quoi votre intérêt pour les sciences humaines serait « comblé » à Sciences Po.
- Votre réponse doit absolument être personnelle et correspondre à vos attentes et à votre parcours.

## Mes conseils

- En postulant pour le Collège universitaire de Sciences Po Paris, le jury attend de vous que vous ayez une connaissance parfaite de l'offre de cours et de l'organisation de la scolarité. Cela implique que vous :
  - → Puissiez citer les différentes majeures de première et deuxième année.
  - → Ayez feuilleté au préalable le grand syllabus de l'offre de cours (enseignements obligatoires et facultatifs compris).
  - → Preniez le temps de la réflexion après avoir parcouru le catalogue de cours. Posez-vous alors la question « si ma candidature était retenue, quels cours choisirais-je et pourquoi ? Qu'est ce qui me plaît dans ce cours ? Est-ce l'enseignant (par exemple, il est délégué à l'Unesco et offre un cours sur le droit d'ingérence), l'intitulé du cours et son contenu, son originalité par rapport à d'autres enseignements proposés, ou tout simplement un « passage nécessaire » dans la continuité de mon projet académique (je souhaite intégrer en Master l'École du droit de Sciences Po par exemple) ? »
- Toutes ces questions sont nécessaires et vous devez vous les poser. Commencez à y réfléchir au moins 6 mois à l'avance car il y a de fortes chances que votre choix évolue avec votre projet académique. Notez vos changements et faites le point régulièrement avant l'oral sur la cohérence de vos choix.

→ ***Question 2 : Précisez les deux choix de programme que vous souhaiteriez intégrer et expliquez votre intérêt pour chacun.***

- Vous pouvez choisir 2 campus en province ou un campus à Paris et un campus en province.
- Vos deux choix doivent clairement être identifiés.
- Vous ne pouvez pas mettre un seul choix parce que les autres ne vous plaisent pas.
- Les vœux de campus ne sont pas classés sur Parcoursup. En revanche, lors de l'oral, vous pourrez mentionner au jury votre ordre de préférence.
- Expliquez clairement vos justifications de campus par rapport à votre parcours. Par exemple, si vous choisissez le campus du Havre, vous devez montrer votre goût pour l'Asie et la maîtrise du chinois, du japonais ou toute autre langue orientale.

- Pensez à vous renseigner sur les langues enseignées sur chaque campus.
- Consultez en ligne le programme et les spécificités de chaque campus pour lequel vous postulez.

→ ***Question 3 : Quels engagements ou projets souhaiteriez-vous poursuivre à Sciences Po ?***

- Parlez de votre projet professionnel idéal.
- Vous devez montrer en quoi Sciences Po est le vecteur de réussite pour mener à bien votre projet.
- Pensez à vous renseigner sur les associations proposées sur chaque campus et sur leurs actions réalisées.
- Si vous n'avez pas d'engagement à l'heure actuelle, dites-le et montrez en quoi Sciences Po pourrait vous donner la possibilité de vous engager pour telle ou telle cause.
- Votre engagement peut prendre plusieurs formes : associatif, humanitaire, sportif ou artistique.

**Mes conseils**

- *Mon premier conseil est d'être sincère.* N'inventez pas et soyez vous-même. Ne vous improvisez pas comédien si vous avez juste fait un stage d'été au cours Florent. Le jury déteste la malhonnêteté intellectuelle et vos affirmations pourraient faire l'objet de questions précises lors de la troisième partie de l'entretien. En postulant au Collège universitaire de Sciences Po Paris, le jury n'attend pas que tous les postulants aient des centres d'intérêt culturels ou intellectuels « classiques » et en lien avec les sciences humaines et sociales. Ce qui compte, c'est votre engagement.

- *Mon deuxième conseil est de ne pas multiplier vos passions.* Durant les oraux, trop de candidats veulent impressionner le jury en étalant leurs passions sportives, intellectuelles et culturelles. Mieux vaut parler en détail du centre d'intérêt qui vous porte le plus plutôt que de les multiplier. Le jury n'est pas dupe et il sera perplexe face à un candidat qui se décrit à la fois comme passionné de tennis, passant son temps libre à admirer des tableaux préraphaélites dans des musées tout en se décrivant amateur de poésie japonaise du XV^e^ siècle et militant engagé à LREM !

Donnez des dates et des exemples précis et concrets de vos réalisations et exprimez ce que cette passion dit sur votre personnalité et en quoi elle est le reflet de votre engagement. Montrez en quoi cette passion vous donne confiance en vous, vous fait grandir et vous procure des émotions. C'est cette même émotion que vous devrez communiquer le jour de l'entretien.

## Je comprends

- Le jury veut des candidats qui ont envie d'agir et de s'engager.
- Soyez donc convaincant dans votre argumentaire.
- Toute cause est recevable. À noter que 90 % des candidats parlent de la cause féministe ou environnementale. Essayez de vous démarquer !
- Votre réponse doit être personnelle. Trop de candidats ont tendance à apprendre par cœur des paragraphes qu'ils récitent sans conviction.

## Je retiens

| **Les écrits de motivation** | **L'essai** | **Les Activités et centres d'Intérêt** |
| --- | --- | --- |
| 1. Intérêt pour les sciences sociales (1pt)<br>2. Choix de campus (1pt)<br>3. Choix pour Sciences Po (1pt)<br>4. Rédaction (1pt) | un seul au choix parmi les sujets proposés | 4 questions |
| Note/4pts | Note/6pts | Non évalué |
| L'ensemble est évalué par 2 examinateurs. | | |

# → Exemples d'essai de motivation

## 1. Exemple 1

### → *Quelle est l'origine de votre intérêt pour les sciences humaines et sociales ? En quoi les contenus et méthodes de l'enseignement délivré au Collège universitaire de Sciences Po répondent-ils à votre projet d'études ? (une fourchette de 2 500-3 000 caractères)*

Mon intérêt pour les sciences sociales est lié à mon histoire personnelle. Pendant mon primaire puis mon collège j'ai pu vivre huit années à l'étranger dans des pays très variés : le Gabon, Singapour puis l'Afrique du Sud. La découverte de ces environnements singuliers a fait naître chez moi une grande curiosité. Les sciences humaines et sociales ont été pour moi des clés de compréhension importantes de mon environnement. Elles m'ont en effet permis d'appréhender la culture de ces pays, mais aussi leur organisation politique, leur histoire, l'importance de leurs géographies. C'est dans cette dynamique que j'ai choisi les spécialités Humanités-Lettres-Philosophie et Histoire-Géographie-Géopolitique-Sciences politiques en classe de première et terminale. Cette curiosité est aujourd'hui toujours aussi vive, et me conduit à rechercher une formation qui me permettra de consolider ma culture générale en m'offrant des outils pour comprendre la complexité du monde. Mon projet d'études est encore aujourd'hui à préciser. Néanmoins, un stage de découverte en classe de quatrième dans une radio du Berry m'a donné goût à la presse et m'interroge sur l'opportunité d'une carrière journalistique. Pour autant, je souhaite aussi prendre le temps de renforcer encore ma culture générale et ma méthode de travail à Sciences Po. Le contenu très varié de vos programmes, la qualité des intervenants et la pluralité des points de vue et des théories étudiées me permettront de développer un esprit critique et libre. L'accompagnement personnel que vous proposez pour le développement de la méthode me permettra aussi d'acquérir une rigueur essentielle dans tout travail. Votre établissement se distingue aussi par son cadre multiculturel avec la mixité des provenances de ses étudiants. Ce creuset culturel sera pour moi l'occasion d'appréhender en direct la diversité de notre monde et sera ma première source d'apprentissages. La perspective d'une expérience internationale en troisième année me permettra de m'ouvrir encore d'avantage. Finalement, la vie associative unique de votre établissement et le parcours civique qui accompagne vos étudiants tout au long de leur parcours intellectuel constituent l'une des richesses de Sciences

Po. En effet, ce n'est pas seulement une approche académique et théorique que vous proposez mais un cheminement humain et concret, ancré dans la société et dans la ville. Je recherche déjà aujourd'hui cette double progression dans mes engagements. Mon bénévolat dans l'association Un Objet Pour Un SDF et dans une maison de retraite des Petites Sœurs des Pauvres me permettent déjà de grandir humainement. Je souhaite ainsi poursuivre cet épanouissement dans votre établissement afin de discerner le rôle que j'ai à jouer dans notre société.

## 2. Exemple 2

8 avr. 2022 22:54

Chère Madame, Cher Monsieur,

Entre Burrendong Way et la rue Saint-Guillaume, il y a 15 000 kilomètres. Ces 15 000 kilomètres m'ont fait grandir et découvrir la diversité des cultures.

À quinze ans, j'ai décidé de partir seul à l'étranger pour m'ouvrir au monde. J'ai passé six mois dans une famille à Orange, en plein cœur de la campagne australienne. J'ai connu l'Australian Way of Life, l'expérience unique d'être dans la peau d'un adolescent expatrié. Des cours de cuisine et de métallurgie au sport l'après-midi, en passant par les Cadets de l'Armée de l'air, j'ai vécu comme tous les garçons australiens de mon âge.

J'ai traversé le Bush en voiture avec ma famille d'accueil, du Nord au Sud, visitant ce qui fait la fierté de l'Australie : Sydney, Canberra, Uluru, Charlotte. J'ai découvert l'authenticité de ce pays, dans ce qu'il a de plus beau et de plus sincère.

De retour en France, je me suis inscrit au programme Dual Diploma Academica. Je fais donc une double scolarité franco-américaine, française en présentiel et américaine à distance. J'aurai donc à la fin de cette année mon baccalauréat français et américain.

Lors de mon séjour en Australie, j'ai été accueilli par une famille modeste et passionnée de politique qui m'a donné l'envie de m'engager. Depuis 2019, je milite dans un parti politique. J'ai commencé en bas de l'échelle, à distribuer des tracts sur le marché, à faire du porte-à-porte pour convaincre des gens d'un programme en quelques minutes. Depuis juillet dernier, je suis nommé responsable de la communication des Jeunes Républicains du département. En cette année d'élection présidentielle, je mène une campagne numérique pour soutenir ma candidate. Ces expériences et ces responsabilités m'ont forgé et m'ont donné une véritable passion pour la politique et les sciences humaines. J'adore débattre, argumenter et confronter mes idées aux autres. Je pense apporter à Sciences-Po ce double regard, ce contraste entre la culture française et anglo-saxonne.

Je souhaite intégrer Sciences-Po pour acquérir toutes les compétences et les savoirs nécessaires afin de devenir diplomate. Sciences-Po offre à ses étudiants une ouverture à l'international, une vision des enjeux géopolitiques incomparables et indispensables à mon projet d'avenir. La suite de mon voyage passe par Sciences-Po : que ce soit par le campus de Reims, pour sa formation anglo-saxonne, en lien avec mon parcours académique, ou le campus de Paris par son approche plus générale.

Comme l'écrivait Loïck Peyron, navigateur français, « le plus beau voyage c'est celui que l'on n'a pas encore fait. »

Je vous prie d'agréer, Madame, Monsieur, l'expression de ma respectueuse considération.

# → Le 3e écrit sur les activités et les centres d'intérêt

**Rappel**

- Ce troisième et dernier écrit concerne vos activités et vos centres d'intérêt.
- Il **n'est pas évalué** par le jury, c'est une section spécifique à Parcoursup.
- Il permet de donner une image de votre engagement et de vos activités extra-scolaires.
- Il donne également un regard sur votre parcours et votre personnalité.
- Cet écrit s'articule autour de 4 questions que nous allons détailler.

→ ***Question 1 : Décrivez vos expériences d'encadrement ou d'animation***

- Mettez en avant votre BAFA si vous l'avez ou tout autre activité bénévole d'encadrement (baby-sitting, volontariat dans des associations).
- Si vous n'avez aucune expérience dans ce domaine, dites-le simplement.

→ ***Question 2 : Décrivez votre engagement citoyen ou bénévole dans une association.***

- Parlez de votre engagement associatif, politique ou civique.
- Vous pouvez également mentionner votre implication dans la vie de votre lycée en tant que déléguée ou membre de la vie lycéenne.

→ ***Question 3 : Décrivez vos expériences professionnelles ou les stages que vous avez effectués.***

- Listez vos stages de 4e et 3e en précisant vos missions et ce que vous avez appris.
- Si vous avez fait des stages d'été ou des emplois étudiants, pensez à les mentionner.

→ ***Question 4 : Décrivez vos pratiques sportives et culturelles (incluant les séjours à l'étranger).***

- Détaillez vos activités sportives (les plus importantes et régulières). Si vous avez été classé au niveau départemental, régional, voire national écrivez-le.
- Dans cette rubrique, vous pouvez mentionner également vos séjours à l'étranger.
- Si vous avez appris une langue étrangère hors lycée, vous pouvez l'ajouter dans cette rubrique.

# Partie 4
# L'épreuve d'admission

# 19

## → Présentation générale de l'oral d'admission

**Rappel**

- L'oral constitue l'épreuve d'admission.
- Il se déroule en vidéoconférence devant un jury composé de 2 examinateurs.
- Il dure 30 minutes et s'organise autour de 3 axes, à savoir :
  - → Le candidat se présente en 2 minutes.
  - → Le candidat choisit et commente une image.
  - → Le candidat échange avec le jury sur son parcours, son projet et ses motivations.

### 1. Qui compose le jury ?

- Le jury est composé de deux membres : un(e) enseignant(e) de Sciences Po Paris et un membre de la direction et du personnel (cela peut aller du directeur de campus au responsable des achats informatiques en passant par un chargé de mission de la scolarité). Leurs fonctions sont très diverses au sein de l'institution mais tous ont en commun la connaissance précise de l'École et de son fameux « esprit Sciences Po ». Les enseignants, quant à eux, peuvent être des professeurs de sciences politiques, d'économie, de langues ou de toutes autres matières enseignées à Sciences Po Paris et sur ses campus délocalisés.
- Ne soyez pas surpris : si vous avez postulé pour le campus de Paris et le campus du Havre, vous pouvez passer l'entretien avec un enseignant du campus de Menton et un chargé de mission du campus de Nancy ! Les compositions de jury ne sont pas établies en fonction des choix géographiques des campus des candidats.

## 2. Première partie de l’oral : la présentation du candidat

- Sciences Po Paris reste connue pour avoir formé une majeure partie de la classe politique française, de Maurice Couve de Murville à Emmanuel Macron et l’éloquence y a toute son importance. Le jury attend que vous vous démarquiez par votre panache, votre brio oratoire et votre aisance à manier le verbe.
- Le candidat dispose de deux minutes pour se présenter devant le jury, sans interruption. Ce temps est très court et décisif pour amorcer l’épreuve sur une note positive. Lors de cette présentation, le jury ne pose aucune question et n’interrompt pas le candidat.
- Ce temps de parole est exclusivement celui du candidat et il faut qu’il l’utilise au mieux. Ainsi, la première partie de l’épreuve est donc stratégique et ne peut pas être improvisée.
- Elle doit être rigoureusement préparée.
- La présentation doit être absolument personnelle et convaincante. Chaque mot compte et pourra être repris dans l’échange avec le jury.

## 3. Deuxième partie : le commentaire d’images

- Le jury va proposer deux images au candidat.
- Le candidat doit en retenir une seule et justifier son choix.
- Dans un premier temps, il lui sera demandé de décrire l’image avec précision.
- Dans un second temps, il devra l’analyser et donner une interprétation personnelle et argumentative.

## 4. Troisième partie : l’échange libre avec le jury

- Durant ce temps d’échange, le jury demandera des précisions au candidat et évaluera sa motivation à intégrer Sciences Po. Ce moment de parole permettra aussi au candidat de préciser certains points de sa présentation et de son projet.
- Le candidat doit saisir cette opportunité pour développer ses propos.
- Il s’agit d’un dialogue constructif et bienveillant. Le jury n’est nullement là pour « assassiner le candidat », bien au contraire.

## Je retiens

**L'ORAL D'ADMISSION**

| 1re phase | 2nd phase | 3e phase |
|---|---|---|
| Présentation du candidat | Commentaire d'image | Échange libre avec le jury |
| 2 minutes | 10 à 13 minutes | 15 minutes |
| Le candidat doit présenter :<br>- son parcours<br>- ses motivations<br>- son projet d'études | Il est demandé au candidat de :<br>- choisir entre 2 images<br>- expliquer son choix<br>- décrire l'image<br>- interpréter l'image | Le candidat va répondre aux questions du jury |

# → Comment se présenter en deux minutes ? Les passages obligés de la présentation

**Rappel**

- La présentation du candidat est la première partie de l'épreuve orale.
- Elle dure environ 2 minutes.
- C'est la seule et unique épreuve où le candidat a la maîtrise de l'oral.
- Le candidat n'est pas interrompu par le jury pendant ces deux minutes.

Ces deux minutes de présentation ne peuvent être improvisées et il faut préparer en amont votre discours.

Même si vous êtes libre dans votre présentation, les membres du jury attendent certains éléments dans votre prestation orale.

**Voici les trois passages obligés à intégrer dans votre présentation** :

- **Premier passage** : votre établissement d'origine, vos choix de spécialités et votre attrait pour les sciences humaines et sociales.
- **Deuxième passage obligé** : vous, ce qui vous passionne, votre engagement, votre ouverture à l'international.
- **Troisième passage obligé** : votre choix de campus et de majeure, votre projet à l'international et la cohérence entre Sciences Po et vos ambitions professionnelles.

**Le premier passage obligé : votre établissement d'origine, vos choix de spécialités et votre attrait pour les sciences humaines et sociales.**

- Il convient de noter que les deux membres du jury ne **disposent d'aucune information** sur vous, mis à part votre nom et votre choix de campus.
- Il est donc important de leur mentionner d'où vous venez, votre établissement d'origine, vos choix de spécialités, votre environnement et parcours académique (section européenne, bi bac, lycée français...).
- Tous les choix de filières et de spécialités sont admis. Si vous avez fait des choix de spécialités scientifiques ce n'est pas un frein pour postuler à Sciences Po à partir du moment où vous justifiez votre attrait pour les sciences humaines et sociales et votre choix d'orientation.

- Sciences Po est avant tout une institution de sciences humaines et sociales et vous devez obligatoirement expliquer en quoi vous êtes intéressé par ces matières et comment cela se concrétise (lectures, débats, participations à des séminaires…).

**Le deuxième passage obligé vous est exclusivement consacré. Montrez, ce qui fait votre originalité et votre force.**

- Ne cherchez pas forcément à épater et soyez vous-même. Ne mentez pas et ne vous inventez pas de nouveaux centres d'intérêt. Trop de candidats ont tendance à se positionner pour des causes pour la défense de l'environnement ou le droit des femmes – aussi nobles soient-elles – sans en maîtriser le sujet.
- Présentez vos passions et vos engagements (associatifs, humanitaires, politiques) mais ne rentrez pas dans les détails. Le jury aura tout loisir de vous demander de développer ces points pendant le temps de l'échange libre.
- Si vous avez une expérience à l'international (double diplôme, bi bac, lycée français), mettez-la en valeur. Montrez votre ouverture d'esprit et votre force d'adaptation.

**Troisième passage obligé : votre choix de campus et de majeure, votre projet à l'international et la cohérence entre Sciences Po et vos ambitions professionnelles.**

- Très brièvement, rappelez vos choix de campus et justifiez-les.
- Vous devez absolument montrer la logique et la cohérence entre ce que vous avez acquis dans le secondaire et vos projets académiques. Sciences Po doit être un moyen pour réaliser votre projet professionnel et servir vos ambitions.

## 1. Les points incontournables à respecter

Comme tout concours académique, il existe des attentes plus ou moins explicites du jury envers le candidat :

1. *Respect du temps de parole* : À l'École des orateurs, il est impératif d'utiliser le temps de parole qui vous est donné et de le respecter. Les candidats, sous l'effet du stress, parlent trop vite et s'embrouille. Cela conduit à un discours trop rapide, souvent incompréhensible et

contreproductif où le candidat termine sa présentation en moins d'une minute, regarde le jury avec un sourire de satisfaction et dit « j'ai fini » au cas où ce dernier en doutait encore.

**Prenez le temps**. Prenez le temps de vous exprimer. Prenez le temps de nous dire qui vous êtes. Prenez le temps de vous dévoiler. Jouez avec les mots. Faites des pauses. Marquez vos intonations. Vous avez la parole, magnifiez-la et théâtralisez-la.
En sens inverse, respectez le temps des deux minutes. Ne vous lancez pas dans un discours de tribun dans lequel vous exposez votre projet politique pour refaire le monde et défendre vos idéaux.

2. *Ce qui compte, c'est vous.*

   Pendant cette première partie de l'épreuve, le jury attend de vous que vous parliez de votre parcours, de vos centres d'intérêt et de votre projet, le tout en deux minutes.
   Ce temps de parole est **un temps de présentation sur vous uniquement**. Trop de candidats tombent dans l'écueil d'une récitation des derniers sujets d'actualité ou de leurs visions sur les enjeux politiques.
   Durant ces deux minutes, le jury souhaite que vous vous présentiez en retraçant les points clés de votre formation académique, les spécificités éventuelles de votre parcours (lycée français à l'étranger, double cursus, expériences à l'étranger), vos centres d'intérêt et vos passions et enfin votre motivation claire et personnelle à rejoindre Sciences Po Paris.
   Il faut que vous fassiez le lien entre votre cursus et la cohérence de votre projet à l'Institut d'études politiques. Il est déterminant pour le jury que vous créiez du sens entre votre passé et votre projet académique.

## 2. Que dire sur la formation académique ?

Toutes les formations sont acceptées pour postuler au Collège universitaire de Sciences Po Paris. Les sportifs de haut niveau et les étudiants avec un diplôme de musique reconnus peuvent également candidater. **La pluridisciplinarité** est un trait majeur du profil des étudiants. Beaucoup d'étudiants et de préparations au concours estiment à tort qu'il y a un profil type Sciences Po. Selon eux, le candidat idéal devrait être un étudiant trilingue, inscrit dans une filière ES avec les choix de majeure « Histoire Géographie, Géopolitique et Sciences Politiques » et « Sciences économiques et sociales », avec 19 de moyenne annuelle depuis la classe de seconde, lauréat accessit du concours général de français, premier prix de conservatoire de quartier et dédiant tout son samedi à des œuvres caritatives et son dimanche à la lecture de Pierre Bourdieu !

Un tel candidat est rare. Le jury recrute des profils aussi bien scientifiques que littéraires avec des choix d'options très hétérogènes. Depuis la réforme du baccalauréat, de nombreux élèves choisissent leurs spécialités afin d'optimiser leurs chances de réussite au concours. Cette stratégie n'est pas une garantie de réussite au concours. Il est certain qu'avoir abordé la géopolitique en première et terminale (plutôt que la spécialisation « Numérique et Sciences informatiques ») montre un intérêt pour les sciences humaines et sociales mais il n'est pas déterminant pour le jury.

# → Comment choisir et justifier son choix de campus pendant la présentation orale ?

**Rappel**

- La mention des deux choix de campus est un passage obligatoire lors de votre présentation.
- Si vous oubliez de le mentionner, c'est un point que le jury vous demandera de préciser lors de l'échange libre.

## 1. Que faut-il dire ?

- Vous devez absolument choisir deux campus. Si vous n'évoquez qu'un campus, le jury vous demandera votre second choix lors de l'échange libre et cela donnera l'impression d'un oubli qui jouera en votre défaveur.
- Vous pouvez choisir 2 campus en région ou un campus en région et le campus de Paris.
- Vous pouvez prioriser votre ordre de choix de campus et le dire à l'oral : « mon choix premier est Le Havre car... et mon second choix porte sur Menton car... ».
- Chaque choix de campus doit être justifié de manière argumentée et personnelle.

## 2. Ce qu'il faut éviter de dire

- Vous ne pouvez pas justifier votre choix de campus par l'envie d'apprendre une nouvelle langue qui n'est enseignée que sur ce campus. Par exemple, si vous postulez pour Le Havre, cela ne peut pas être motivé par votre envie exclusive d'apprendre le chinois.
- La justification familiale ou la demande de rapprochement d'un campus pour rejoindre un membre de sa famille n'est pas non plus un argument accepté par le jury.

- Plus de 80 % des candidats choisissent Paris comme choix de campus. L'argument évoqué est soit la formation généraliste, soit un meilleur accès à la culture dans la ville des lumières. Cela sous-entendrait-il qu'il n'y a pas de culture en province ? Si vous envisagez de postuler pour le campus de Paris, justifiez votre choix en fonction de la maquette des cours offerts rue Saint-Guillaume.
- Rappelons au passage que les candidats qui ont fait leurs études secondaires dans des lycées parisiens ne sont pas favorisés pour intégrer le campus de Paris.

**Mes conseils**

- Avant de faire votre choix, vous devez consulter les spécificités régionales. Il faut construire votre projet académique et argumenter votre motivation autour de votre choix et non l'inverse.
- Statistiquement, le choix du campus du 27, rue Saint-Guillaume à Paris est le plus demandé mais les places sont limitées. Si vous énoncez Paris comme un de vos choix, votre second choix de campus en province doit être cohérent par rapport à votre formation et votre projet académique.
- Il est impératif de faire deux choix de même importance. Trop souvent, les étudiants ont tendance à choisir Paris en premier et à mettre en campus délocalisé en plan B. Cette stratégie est généralement mal perçue par le jury. Les campus en province ne peuvent être un second choix « au cas où »... Je vous conseille d'avoir une vraie réflexion autour de vos choix.
- Dans votre démonstration pour votre choix de campus, évitez les arguments plaqués, généraux ou au contraire trop intimes. Voici quelques exemples des pires écueils à éviter lorsque l'on choisit le campus de la rue Saint-Guillaume.

« **J'ai choisi le campus de Paris parce que...**

→ Je veux une formation généraliste et pas centrée sur une région.
→ Je veux être au centre de la vie culturelle.
→ Je viens de province et je veux découvrir la capitale.
→ Mes parents ont divorcé et je veux me rapprocher de mon père qui vit à Paris.
→ Il y a plus de choix de cours.
→ Je veux pouvoir aller au Louvre tous les week-ends.
→ Je veux être dans un environnement multiculturel.

- → Les Parisiens sont plus ouverts d'esprit.
- → J'ai regardé sur le site de l'école et le campus offre le badminton en activité sportive.
- → Je serai au cœur de la politique et de ses institutions.
- → Je pourrai enfin cohabiter avec mon amoureux.

**Tous ces arguments sont véridiques mais font sourire le jury.**

# → Les écueils à éviter lors de ma présentation en deux minutes

Les 3 écueils fondamentaux à éviter sont :
- La lecture de ma présentation.
- Le manque de spontanéité dans mon discours.
- Le non-respect du temps imparti.

## Comment y remédier ?

- La présentation ne doit absolument pas donner le sentiment d'être lue. Comme l'oral se déroule en ligne, il serait aisé de cacher un support et de le lire. Ceci est fortement déconseillé car le jury pourrait observer votre manque de naturel et remarquer que votre discours est lu.
- Il ne s'agit pas de lire un discours mais bien au contraire de se **l'approprier**.
- Par ailleurs, il n'est pas conseillé de l'apprendre par cœur.
- Il faut garder une certaine fraîcheur et une spontanéité dans votre interaction avec la commission du jury.
- L'équilibre est à trouver entre ce que vous voulez dire et la spontanéité du discours.
- Le jour de l'oral, vous pouvez éventuellement noter à côté de vous les grands points de votre discours comme un aide-mémoire.
- Gardez également un bon débit sans parlez pas trop vite.
- Mettez en avant par votre intonation les mots importants.
- Respectez le timing et utilisez bien le temps qui vous est imparti. Ne dépassez pas les 2 minutes car cette partie de l'épreuve est réservée à poser les points fondamentaux. Ces points de votre présentation pourront être discutés de manière plus approfondie pendant la troisième partie de l'épreuve.

# 23

## → Importance de la voix et de la communication non verbale

**Rappel**

Dans l'épreuve orale, il est très important de placer sa voix et d'avoir une excellente communication non verbale. Cela peut départager les candidats et faire une vraie différence.
La maîtrise du non verbal est déterminante dans un concours de sélection. Lors d'un oral d'admission à Sciences Po, prenez conscience que tout ne se joue pas sur vos propos. C'est pendant la première minute de l'entretien que le jury va vous juger et se faire une première idée sur vous.

### Comment s'exprime la communication non verbale lors d'une vidéoconférence ?

Elle s'exprime à travers :

- Votre voix.
- Votre sourire ou absence de sourire !
- Votre regard face à la caméra.
- Votre posture.

Votre expression faciale et vos gestes sont autant de moyens de communication. La communication non verbale doit être votre alliée et il faut que vous appreniez à la maîtriser. De nombreux candidats ont tendance à la négliger, estimant à tort que cela ne s'apprend pas ou que cela joue un rôle infime sur leur notation.

**Mes conseils**

- Le jury vous demandera de vous connecter en vidéoconférence un quart d'heure avant le début de votre oral.
- Quand vous serez dans la salle d'attente virtuelle, soignez votre posture et faites vos réglages de micro et de caméra.
- Ne partez pas dans une autre pièce ou ne faites pas autre chose car le jury peut vous prendre en avance s'il termine plus tôt avec le candidat précédent.
- Pendant la durée de l'entretien, vous devez bien surveiller les mouvements de votre corps. Veillez à ne pas reculer votre chaise ou à bouger la table devant vous. Cela pourrait être perçu comme un signe de nervosité.
- Ne gigotez pas, évitez d'avoir un stylo ou tout autre objet dans les mains.
- Votre regard est essentiel, notamment en vidéoconférence. Apprenez à bien regarder la caméra en face et ne vous asseyez pas en retrait.
- Maintenez votre regard et regardez les membres du jury bien dans les yeux durant toute la durée de l'entretien car c'est un signe d'assurance et de confiance en soi.
- Pensez à regarder chaque membre du jury alternativement.

24

# L'importance de l'ouverture à l'international

**Rappel**

Sciences Po accorde une place prépondérante à l'ouverture à l'international et souhaite recruter des profils internationaux avec une grande ouverture d'esprit.

## 1. Quelques chiffres à retenir

Sciences Po à l'international, ce sont :

- Des accords avec 470 universités partenaires dans le monde.
- 50 % d'étudiants internationaux.
- 150 nationalités représentées.

## 2. Vous avez une expérience à l'international : comment la mettre en valeur ?

- Dans un premier temps, listez toutes vos expériences (voyages en famille ou avec l'école, échanges, cursus en section européenne, années en lycée français, double diplôme, Abibac…).
- Pour chacune, notez la durée.
- Expliquez ce que vous en avez retiré.
- Vos expériences internationales peuvent également guider votre choix de campus.
- Montrez en quoi ces expériences à l'international vous ont forgé et ont développé votre faculté d'adaptation.

## 3. Que faire si vous n'avez pas d'expérience à l'international ?

- Si vous n'avez jamais voyagé à l'étranger, n'ayez pas honte ou peur de le dire. Vous ne pouvez pas être pénalisé.
- Renversez la situation, en disant que vous aimeriez bien intégrer Sciences Po justement pour cette 3e année à l'étranger qui vous permettrait de découvrir d'autres cultures. Choisissez une zone en relation avec votre projet professionnel.
- Mettez en avant votre volonté de vous ouvrir à l'international.

25

# → Comment se préparer à cette épreuve de présentation en deux minutes ?

Cette épreuve de présentation est pareille à un entretien d'embauche. Au bout de deux minutes, le jury a déjà une première impression sur vous. Il convient donc d'être aussi convaincant que possible et d'essayer de se démarquer.

## 1. Comment se démarquer sur la forme ?

Le jury fait passer environ 10 candidats par jour et il apprécie les présentations originales qui sortent de l'ordinaire.

Même si l'exercice reste académique, démarquez vous dans votre approche rhétorique afin de capter l'attention des examinateurs.

Pour ce faire, vous pouvez vous présenter en :
- utilisant le questionnaire de Proust,
- commençant par une question,
- énonçant les adjectifs qui vous résument,
- partant d'un fait marquant de votre parcours,
- trouvant un fil directeur à vos actions, vos engagements.

## 2. Comment se préparer à cette présentation de deux minutes ?

- Entraînez-vous et préparez-vous en amont.
- Listez ce qui fait que vous êtes unique et ce que vous pouvez apporter à Sciences Po.
- Écrivez votre discours et appropriez-vous-le.
- Le jour de l'oral, il faudra rester le plus naturellement possible sans lire vos notes.
- Filmez-vous sur votre téléphone portable et analysez ensuite votre prestation.

## 3. Le top 10 des questions à vous poser pour préparer votre présentation

1. Quel est mon parcours académique ?
2. Comment est né mon goût pour les sciences humaines et sociales ?
3. Quelle est mon expérience à l'international ?
4. Quelle est ma passion ?
5. Quel est mon engagement ?
6. Quelle est ma force ?
7. Que puis-je apporter à Sciences Po ?
8. Qu'est-ce que Sciences Po peut m'apporter en comparaison d'autres écoles ?
9. Quel est mon projet professionnel ?
10. En quoi suis-je unique ?

# → Les modalités du commentaire d'image

**Rappel**

- Le commentaire d'image constitue la seconde partie de l'épreuve, la plus redoutée par les candidats car il y a un temps très court de prise de connaissance du document et aucune prise de notes n'est autorisée.
- C'est une nouvelle épreuve depuis 2021.
- Le jury évalue comment le candidat réfléchit, arrive à mobiliser des connaissances et à ouvrir sa réflexion.
- L'image n'est qu'un intermédiaire entre lui et le jury pour un temps d'échange.
- Il ne s'agit donc pas d'évaluer vos connaissances en art mais de tester vos capacités à observer et à interpréter un document.

## Les différentes phases

### Phase 1 : je choisis l'image

- Le jury va vous projeter deux images à l'écran.
- Vous ne disposerez que **d'une quinzaine de secondes** pour faire votre choix.
- Vous avez la possibilité de demander au jury de faire le va-et-vient entre les 2 images.
- Surtout, n'exprimez aucune réaction de stupéfaction ou d'ennui à la projection des images. Restez neutre et ne laissez transparaître aucune émotion.
- Vous devez indiquer clairement au jury votre choix d'image et le justifier.
- Vous n'avez aucun temps pour prendre des notes ou rédiger vos premières réflexions.
- Cette épreuve ne peut pas s'improviser et seuls une bonne compréhension des attentes du jury et un entraînement régulier peuvent vous permettre de réussir.

### Phase 2 : je décris l'image

Le jury découvre l'image en même temps que vous, donc il n'y a pas de réponses attendues. Ce n'est pas le jury qui choisit les images. Elles lui sont imposées.

Le seul élément dont vous disposez est la légende – qui sera écrite en français et en anglais sous le document.

Prenez le temps de bien la lire et de regarder si vous pouvez en extraire des pistes.

La grande majorité des candidats accorde peu de temps à la description de l'image et a tendance à bâcler cette épreuve. C'est une erreur. Passez au moins **2 minutes** à décrire le document dans ses moindres détails.

Dans 90 % des cas, l'auteur vous sera inconnu et ce n'est pas grave car la description porte sur le document et non sur la biographie de l'auteur.

Vous devez décrire l'image pendant au moins deux minutes et selon une méthodologie précise.

### Phase 3 : j'interprète l'image

L'image est un support pour faire parler le candidat et le jury évalue la capacité de celui-ci à s'approprier le document et lui donner du sens.

Il vous faut construire un schéma précis d'analyse autour d'une représentation.

Le jury n'a pas de bonne réponse attendue.

Toutes vos interprétations sont donc les bienvenues dans la mesure où votre grille d'analyse est cohérente et bien argumentée.

## Je retiens

IDENTIFIER

### Je choisis une image

- 15 secondes pour se décider
- Je justifie mon choix

DENOTER

### Je décris mon image

- 2 minutes
- J'analyse la vision esthétique du document
- Je décris ce qui est visible

CONNOTER

### J'interprète mon image

- 5 minutes
- Je donne du sens à l'image
- Je propose plusieurs grilles d'interprétation

# → Quels types d'images le candidat doit-il commenter ?

**Rappel**

- Le candidat doit choisir entre deux types d'images : les images de type 1 (œuvres d'art) et les images de type 2 (images d'actualité).
- Le jury découvre l'image en même temps que le candidat.
- Le jury attend que le candidat motive son choix d'images *avant* de commencer sa description.

## Méthode pour introduire un document

Décrire un document, c'est aborder tous les aspects qui le composent en suivant le plan ci-après dans votre introduction :

**Voici la démarche à suivre pour introduire votre image :**

| | Les œuvres d'art | Les photos |
|---|---|---|
| **La contextualisation** | Auteur<br>Date<br>Titre<br>Lieu d'exposition | Auteur<br>Date<br>Titre<br>Contexte<br>(historique, politique, culturel) |
| **Nature et technique employée** | **Peinture**<br>▪ Huile<br>▪ Aquarelle<br>▪ Acrylique<br>**Gravure**<br>▪ Cuir<br>▪ Bois<br>▪ Lithographie | **Photographie**<br>▪ Argentique<br>▪ Numérique<br>▪ Pixelisée<br>**Illustration**<br>▪ Caricature<br>▪ Affiches politiques |

| | | |
|---|---|---|
| **Le style** | Figuratif/abstrait<br>Réaliste/schématisé<br>Naïf/expressif | Photo témoin<br>Photo d'art |
| **Le genre ou la thématique** | Personnages<br>Paysages<br>Objets<br>Une scène de genre (vie quotidienne, rue, intérieur)<br>Une scène mythologique, religieuse ou historique | Personnage<br>Évènements<br>Lieux symboliques<br>« Happenings » |

## → Les 4 fonctions de l'image

Pour le descriptif de votre image, ayez en mémoire que votre image peut avoir 4 fonctions. Cela peut vous guider et vous aider à mieux comprendre la volonté de l'artiste ou du photographe.

- **L'image figurative** : une image qui représente une réalité et évoque un fait, un événement réel.
- **L'image descriptive** : un tableau ou une photo qui représente une personne, un lieu ou un objet. C'est l'équivalent d'un discours descriptif.
- **L'image explicative** : un schéma, un plan peuvent remplacer un discours explicatif.
- **L'image argumentative** : une affiche publicitaire ou politique, par exemple, qui cherche à faire partager une idée, a une fonction argumentative.

### Je retiens

**L'image FIGURATIVE**

Elle représente une réalité

Elle comporte des éléments de temporalité

Elle raconte un fait ou un événement

**L'image INCITATIVE**

Elle veut toucher le lecteur et influencer son opinion

Elle a un rôle de sensibilisation

Elle suscite des réactions

**L'image IMAGINAIRE**

L'image est considérée comme un fantasme de réalité

Elle n'a pas d'ancrage dans le réel

**L'image ARGUMENTATIVE**

Elle a pour fonction d'exposer un point de vue sur un sujet et de le justifier

Elle défend une cause

Elle éveille les consciences

## → Lexique à utiliser pour décrire une image

Même s'il n'est pas attendu du candidat un bon niveau en histoire de l'art, ce petit lexique peut vous donner les mots utiles pour décrire votre document.

- **Abstrait** : Une œuvre abstraite est une œuvre qui ne représente pas de sujet reconnaissable.
- **Allégorie** : Personnification d'une idée abstraite sous les traits d'un personnage ou d'un animal.
- **Angle de vue** : Terme photographique qui désigne la hauteur et la direction du regard. L'angle de vue est qualifié de normal lorsqu'on se trouve au même niveau que le sujet regardé : on parle de *vue frontale*.
  - Il est en *plongée* lorsque le sujet est plus bas que le niveau des yeux.
  - Il est en *contre-plongée* lorsqu'on regarde un sujet placé plus haut que le niveau des yeux.
- **Anamorphose** : Image volontairement déformée d'un objet, représentation picturale d'une déformation.
- **Anthropomorphe** : Se dit d'une forme qui rappelle celle d'un être humain.
- **Art conceptuel** : Mouvement qui accorde plus d'importance aux idées qui sous-tendent une œuvre qu'à ses aspects visuels.
- **Assemblage** : Œuvre d'art moderne composée de matériaux, d'objets divers mis ensemble.
- **Bas-relief** : Sculpture sur un support qui se détache peu du support. On parle de *haut-relief* lorsque celui-ci se détache beaucoup du support.
- **Cadrage** : Terme photo qui désigne l'action de cadrer, c'est-à- dire de choisir ce qui ne sera présenté au regard du public, dans le *champ de l'image.* Hors du cadre, on parle de *Hors-cadre* ou *Hors-champ.*
  - Le cadrage a différentes *valeurs* : *très gros plan, gros plan, plan moyen, plan américain* (cadrage à mi-cuisse), *plan d'ensemble ou général.*
- **Camaïeu** : Peinture composée des différentes valeurs et nuances d'une même couleur.
- **Champ** : La scène visible de l'image.
- **Chromatique** : Qui se rapporte aux couleurs.
- **Cinétique** : Qui fait intervenir le mouvement dans l'œuvre d'art.

- **Clair-obscur** : Procédé technique qui consiste à moduler la lumière sur un fond d'ombre, suggérant ainsi le relief et la profondeur.
- **Composition** : Organisation, manière de placer des éléments plastiques (lignes, couleurs, formes, matières) dans une image, sur une surface délimitée. Elle est importante pour la signification de l'ensemble de l'image.
- **Contextualisation** : Donner les éléments du contexte de l'œuvre (date de création, auteur, lieu d'exposition…) afin de mieux l'appréhender.
- **Couleurs primaires** : Les trois couleurs que l'on n'obtient pas par mélange : jaune primaire, rouge magenta, bleu cyan.
- **Couleurs secondaires** : Les couleurs obtenues en mélangeant deux primaires : orange, violet, vert.
- **Couleurs complémentaires** : Chacune des trois couleurs primaires possède sa complémentaire parmi les secondaires. Le rouge a le vert. Le jaune a le violet, le bleu a l'orange.
- **Couleurs chaudes/couleurs froides** : Le contraste chaud/froid est basé sur des sensations chromatiques subjectives inscrites dans la mémoire du corps comme le feu et l'eau.
- **Couleur dégradée** : Couleur à laquelle on a ajouté du blanc, opposée au contraste.
- **Couleur rabattue** : Couleur à laquelle on a ajouté du noir.
- **Couleur rompue** : Couleur à laquelle on a ajouté sa complémentaire.
- **Coupe** : Dessin représentant la structure d'un édifice selon une section verticale. Tranche permettant de voir les niveaux, les étages.
- **Degré d'iconicité de l'image** : Degré de ressemblance de l'image.
- **Diptyque** : Panneau peint ou sculpté en deux parties pouvant éventuellement se replier l'un sur l'autre. Le *triptyque* est quant à lui en trois parties.
- **Enluminure** : Lettre peinte ou miniature ornant d'anciens manuscrits.
- **Esquisse** : Dessin exécuté au crayon, au fusain, l'esquisse donne l'impression d'être inachevée. Elle peut être le point de départ d'une image.
- **Estampe** : L'art de l'estampe permet de reproduire un dessin mécaniquement, en un certain nombre d'exemplaires appelés épreuves, à partir d'une plaque de bois, de cuivre ou d'acier gravée qui sera encrée. En fonction du support et de la technique de gravure qui va faire apparaître le dessin sur le support, l'estampe porte des noms différents : *pointe sèche, eau-forte, taille douce.*

- **Estomper** : Rendre flou, adoucir, atténuer, voiler. Très employé dans des techniques qui utilisent le fusain, les pastels secs, les crayons.
- **Figuratif** : Qui représente un sujet, des objets reconnaissables.
- **Genre** : Catégorisation dans la peinture d'après les sujets : le portrait, le paysage, les scènes du quotidien, la nature morte sont des genres de la peinture.
- **Happening** : Forme artistique où l'événement fait l'œuvre. Art collectif et spontané.
- **Hors-champ** : Les éléments invisibles sur l'image.
- **In situ** : En situation. Œuvre d'art sous forme d'installation ou de volume qui est présentée sur le lieu même, à l'extérieur. S'appuie sur les relations et les interactions avec l'environnement.
- **Lignes de force** : Lignes les plus importantes dans la structure ou la composition d'une image.
- **Ligne de fuite** : Ligne qui permet de matérialiser un effet de perspective.
- **Marouflage** : Technique qui consiste à coller une toile ou d'un dessin sur papier sur un autre support (bois, toile).
- **Matériau** : Toute matière, transformée ou non, qui sert à construire ; du point de vue de la création artistique, ce en quoi est fait une œuvre d'art : marbre, bronze, toile, carton, plastique…
- **Mélange optique** : Perception d'une couleur qui n'existe pas sur un tableau à partir du mélange de plusieurs taches de couleurs différentes. Le meilleur exemple est l'impressionnisme.
- **Mise en abyme** : Répétition à l'infini de l'image dans sa propre image.
- **Modelé** : Relief des formes, des objets, des personnages ou des matières représentées.
- **Monochrome** : Qualifie l'aspect d'un objet ou d'une œuvre où n'intervient qu'une seule couleur. Un monochrome désigne une œuvre non figurative qui se réduit à une surface ou un relief peint d'une seule couleur.
- **Motif** : Thème ou ornement qui, le plus souvent, se répète.
- **Nature morte** : Représentation d'objets inanimés.
- **Perspective** : Ensemble des règles permettant la représentation de la profondeur, sur un plan.
- **Pictural** : Qui se rapporte à la peinture.

- **Plan** : Dimension du sujet à l'intérieur mais également différentes parties de l'espace d'une image : *1er, 2e, 3e plan, plan arrière/avant…* qui suggèrent la profondeur de l'image. On appelle cela alors *la profondeur de champ*.
- **Polychrome** : Plusieurs couleurs.
- **Polyptyque** : Peinture réalisée sur plusieurs panneaux assemblés pour former une suite généralement avec une partie centrale.
- **Raccourci** : Procédé qui consiste à représenter de manière déformée un objet/corps qui est vu en perspective.
- **Ready-made** : Le ready-made consiste à choisir un objet manufacturé et le désigner comme une œuvre d'art. En 1916, lors d'une exposition à New-York, l'artiste Marcel Duchamp choisit ce terme de ready-made pour donner le statut d'œuvre d'art à des objets manufacturés.
- **Sérigraphie** : Procédé mécanique de reproduction d'images, dérivé. Certains artistes comme Andy Warhol ont largement utilisé cette technique (notamment dans le *Pop Art*).
- **Ton local** : C'est la couleur propre et essentielle d'un objet sans effet de lumière.
- **Trompe l'œil** : Technique poussant le réalisme d'une peinture le plus loin possible afin que le public ait l'illusion du réel.

30

## → L'analyse formelle de l'image et de la photo

L'analyse formelle d'une œuvre d'art est un examen détaillé des éléments qui la composent. Elle s'appuie sur l'observation et cherche à analyser comment l'artiste a construit son œuvre.

Voici les différentes étapes à suivre pour l'analyse :

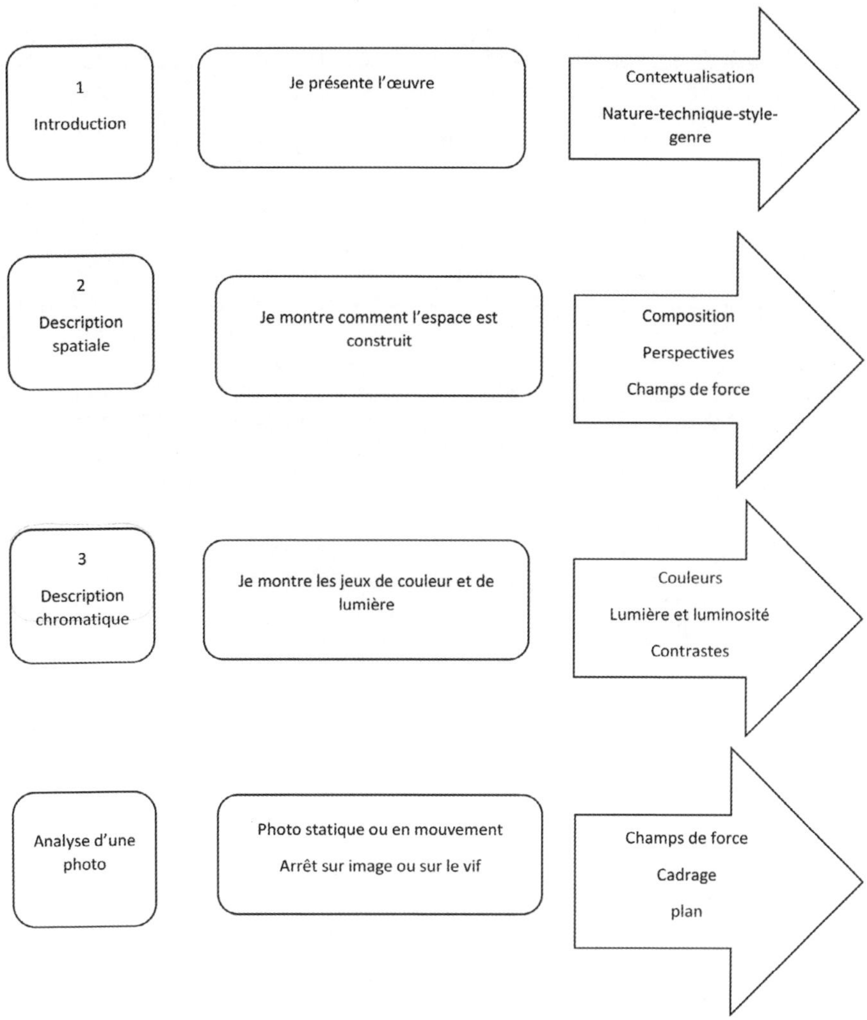

31

## → La description spatiale

- Pour amorcer votre descriptif de l'œuvre, le premier aspect à mettre en exergue est l'espace de l'œuvre ou de la photo.
- Un tableau ou une photo présente quelque chose qui est fait pour être vu dans les limites d'un cadre. Comme le disait l'artiste Paul Klee, « L'Art ne copie pas le visible. Il le rend visible. »

### Comment cet espace est-il construit et structuré afin d'être visible ?

Pour ce faire, il y a 3 éléments à prendre en considération :
- La composition.
- La perspective.
- Les champs de force.

#### La composition

Elle se définit comme l'agencement et la disposition des différentes parties de l'œuvre.

Il s'agit de faire attention à la place donnée à chaque élément et de montrer quels sont le ou les éléments dominants.

Les questions à se poser pour amorcer l'interprétation :

a. La composition est-elle horizontale ou verticale ?

b. La composition est-elle symétrique ou asymétrique ?

c. Comment sont disposés les éléments entre eux ?

#### La perspective

Il y a 2 types de perspective :
- La perspective classique qui veut donner de la profondeur à l'œuvre.
- La perspective moderne qui veut mettre tous les éléments sur le même plan. Cela s'appelle la planéité.

## Les champs de force

- La composition produit des champs de force qui structurent l'image ou la photo. Le spectateur va orienter son regard sur ces éléments qui lui semblent importants.

# → La description chromatique

**Rappel**

- Les couleurs ont le pouvoir d'attirer l'attention et de créer des émotions.
- Dans la description de votre document, vous devez insister sur le choix des couleurs sauf si l'artiste a fait le choix délibéré du noir et blanc.

**Pour souligner le choix des couleurs d'un document, le candidat doit décrire** :

- La palette utilisée et les choix qui dominent parmi **les couleurs froides** (bleu, vert et violet) ou **les couleurs chaudes** (rouge, orange et jaune).
- Les jeux de lumière : l'endroit d'où vient la lumière, les éléments qu'elle met en contraste.
- Pour la description d'un tableau, vous pouvez différencier les couleurs primaires (rouge, jaune, bleu) et les couleurs secondaires (vert, orange, violet).

## L'association des couleurs aux émotions

L'esthétisme d'une œuvre d'art suscite des émotions et un ressenti.

Ce tableau récapitulatif peut vous donner des pistes :

| Couleur | Émotion |
|---|---|
| Rouge | Passion, interdit, urgence, colère, séduction, pouvoir, provocation |
| Orange | Énergie, sociabilité, vivacité, épanouissement |
| Jaune | Gaieté, espoir, bonheur, curiosité, intuition |
| Vert | Tolérance, paix, stabilité, harmonie, détente |
| Bleu | Loyauté, tranquillité, sécurité, sérieux |
| Violet | Réflexion, nostalgie, mystère, inspiration |

33

# → Comment analyser une photo ?

**Rappel**

Pour décrire une photographie, il faut étudier :

- Le cadrage.
- L'angle de vue.
- La luminosité.

## 1. Le cadrage

Le cadrage désigne le champ visible d'une scène. Il s'appuie tout d'abord sur un champ :

- **Le champ** est la partie de la scène visible dans l'image.
- On parle de **hors-champ** pour les éléments qu'on ne peut pas voir. De nombreux auteurs aiment jouer avec l'espace hors-champ en nous faisant imaginer ou deviner ce qu'on ne voit pas ou en faisant dépasser des morceaux d'éléments invisibles par ailleurs.

Le cadrage s'appuie aussi sur une **échelle des plans**.

- le **plan d'ensemble** se focalise sur un lieu tel qu'une place ou une rue en ville. Les personnages sont suffisamment visibles pour que le spectateur comprenne leur action.
- Le **plan moyen** cadre un personnage de la tête aux pieds.
- Le **plan américain** est un plan à mi-corps.
- Le **gros plan** se rapproche au plus près de l'objet cadré pour en souligner les détails et les spécificités.

## 2. L'angle de vue

La photo est ce que nous voyons dans le travail d'un autre. L'auteur adopte volontairement un angle de vue pour nous transmettre un message. L'angle de vue n'est pas anodin.

Il existe 3 angles de vue :

- Angle de vue à hauteur du sujet :

- Angle de vue en plongée :

- Angle de vue en contre-plongée :

Vous pouvez également souligner la verticalité ou l'horizontalité d'une photo.

## 3. La luminosité ou « la vérité graphique du monde »

- Le jour de l'oral, vous aurez des photos soit en couleur, soit en noir et blanc.
- Si la photographie est en couleur, insistez sur les couleurs dominantes.
- Si la photographie est en noir et blanc, interrogez-vous sur la volonté délibérée de l'artiste d'utiliser le noir et blanc. Le célèbre photographe hongrois André Kertesz assurait que « l'utilisation du noir et blanc convenait pour révéler avec intensité la vérité graphique de monde ».
- Dans une photographie en noir et blanc, décrivez avec attention les contrastes.

# 34

## → Que faire si l'image ne m'inspire pas ?

Il se peut qu'aucune des deux images ne vous inspire le jour de l'oral. Que faire ?

Sous l'effet du stress et compte tenu des quelques secondes dont ils disposent pour se décider à choisir entre les deux documents, de nombreux candidats perdent leurs moyens et se retrouvent perdus, ne sachant que dire.

**Afin d'y remédier, je vais vous donner plusieurs conseils.**

### 1. Conseil 1 : analyser attentivement la légende

- La légende est donnée sous le document, en français et en anglais.
- Prenez chacun des mots et analysez-les un par un. Je regarde tous les éléments de la légende qui peuvent m'aider à faire mon commentaire.
- À partir de cette analyse, **je construis un argumentaire**.

Cette démarche s'appelle **la contextualisation** :

*J'analyse la date de l'œuvre* : attention à ne pas la confondre avec les dates de la biographie de l'auteur. Je peux évoquer la question de la temporalité. Cette image est-elle toujours d'actualité ?

*J'analyse le titre de l'œuvre* : j'essaie de jouer sur la polysémie des mots et de voir comment ils créent du sens.

*J'analyse le lieu* : cela peut donner un indice sur le contexte et/ou la situation à laquelle se rapporte l'œuvre.

### 2. Conseil 2 : parler de la vision esthétique de l'image

L'image reste avant tout une œuvre et le candidat doit décrire l'image dans une perspective esthétique. L'image est une représentation et je commence par décrire ce qui est visible.

**Quels sont les repérages automatiques à faire ?** Il faut parler :

- des tons et les couleurs,
- des jeux de lumière,
- des contrastes.

## 3. Conseil 3 : proposer un sens et une polysémie d'interprétations

- En m'appuyant sur mon descriptif de l'image, j'adopte une posture réflexive et je m'interroge sur ce que l'auteur a voulu dire.
- Je peux formuler plusieurs hypothèses pour essayer de donner du sens à l'image.
- Je peux essayer de montrer la singularité et la dynamique de l'œuvre.

**Je retiens : le schéma SOS si je n'ai pas d'inspiration**

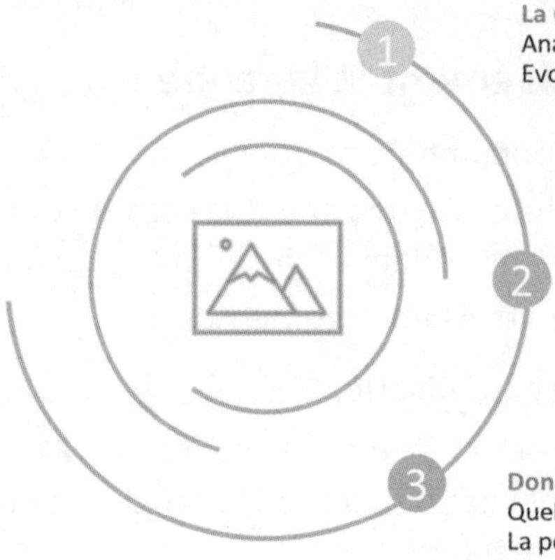


**La Contextualisation**
Analyser chaque mot de la légende
Evoquer la question de la temporalité

**La Vision Esthétique de l'Image**
Elément central, les différentes perspectives
Jeu de contrastes (couleur, relief, formes)

**Donner du sens à l'image**
Quel est le sens de l'image
La polysémie d'interprétation

# → Le lien avec l'actualité

**Rappel**

- L'interprétation de l'image est libre.
- Toutes les images proposées sont un outil de communication et doivent amener le candidat à réfléchir sur les enjeux du document et sa portée.

## 1. Le lien avec l'actualité

Certaines photos sont en rapport direct avec l'actualité et il est donc facile de faire le rapprochement entre le document et des évènements médiatisés. La photo apparaît comme un écho direct des informations, comme dans la photo ci-dessous illustrant la guerre en Ukraine :

## 2. Le lien avec l'histoire

Les photos peuvent également être en lien avec un évènement historique précis. Dans ce cas, il convient de bien préciser de quel événement il s'agit et dans quelle perspective il s'inscrit. Est-ce un nouveau regard comme le montre la photo ci-dessous du Mur de Berlin, prise en 1962, et le terrain de jeux des enfants pendant la Guerre Froide ?

## 3. Comment relier une peinture classique à l'actualité ?

La peinture est toujours porteuse d'un message. Définissez le message et voyez quelle est sa portée aujourd'hui et sa temporalité.

Posez-vous les questions suivantes :

- Comment cette œuvre est-elle toujours d'actualité ?
- Que peut-elle nous apporter comme éclairage aujourd'hui ?
- A t-elle une vision précurseuse ?

**Mes conseils**

- Reliez les enjeux contemporains qui sont liés à la photo et ne disgressez pas sur des sujets qui n'ont aucun lien avec le document.
- Trop de candidats ont tendance à relier leur document à la question environnementale ou à la défense des droits de la femme.
- Ne tombez pas dans le prosélytisme et limitez bien les enjeux de votre document.
- Faites une mise en perspective cohérente et ne plaquez pas un événement sur un autre.

# 36

## → Les grilles d'analyse

« JE NE ME DOCUMENTE JAMAIS.
JE DONNE UNE INTERPRÉTATION DU RÉEL. »
ANDRÉ KERTESZ

L'analyse de l'image constitue la phase post description. C'est la partie la plus subjective de l'épreuve. Le jury n'attend pas de vous une interprétation prédéfinie mais une interprétation construite et argumentée. La commission va évaluer votre esprit critique et votre capacité d'analyse. Le plus important est que votre commentaire soit construit. Vous devez absolument adopter une posture réflexive. Dans cette partie, vous devez donner du sens à l'œuvre et « votre interprétation du réel ».

C'est bien souvent sur cette partie que les étudiants se démarquent et font la différence.

### Comment procéder ?

- Partez tout d'abord des différentes résonances de l'œuvre : quels sens peut-on donner à l'œuvre ? Quel est l'objectif de l'auteur ?
- Une œuvre est **protéiforme**, c'est-à-dire qu'elle peut se présenter sous des aspects divers.
- Élaborez votre commentaire à partir de votre description. Toutes vos remarques descriptives vont construire votre interprétation.
- De la description, vous devez passer à l'interprétation.
- **Proposez différentes grilles d'analyse**, avec entre autres :
  – La grille esthétique.
  – La grille symbolique.
  – La grille axiologique.

1. **La grille esthétique** : Analysez l'émotion esthétique que peut procurer cette œuvre. Nous sommes dans le ressenti, l'affect par rapport à un visuel. Il faut s'interroger sur comment le visuel peut provoquer des émotions.

2. **La grille symbolique** : Nous sommes dans le décodage. Montrez la symbolique différente selon les cultures. Y a-t-il une mise en abîme de l'œuvre ? Quelles sont la valeur et la portée symbolique du document ? Cette œuvre est-elle une allégorie ? Est-elle l'expression d'une dichotomie ? Quels sont les codes de l'œuvre ?
3. **La grille axiologique** : Nous sommes dans l'analyse des valeurs prônées par l'œuvre. Quelle est la résonance de cette œuvre aujourd'hui ? Est-ce une œuvre qui pourrait s'inscrire dans la pérennité ? Et pourquoi ? Si l'œuvre est ancienne, que nous apporte son message aujourd'hui ?

**Mes conseils**

**Il faut éviter de :**

- Plaquer son cours et ses connaissances sur une image qui n'a rien à voir.
- Parler de l'environnement à chaque fois ! Il n'y a pas que la cause environnementale.
- Partir dans des digressions qui n'ont pas lieu d'être.

**Avant tout, ce qui compte, c'est votre analyse personnelle.**

37

## → Le lexique de l'analyse

*Ce petit lexique n'est pas exhaustif mais il a pour objectif de vous faire utiliser un vocabulaire construit et étayé afin de mieux structurer votre analyse. Attention à bien comprendre la définition de chaque mot et à ne pas tomber dans le verbiage.*

- **Allégorie** : Expression d'une idée par une métaphore (image, tableau, etc.).
- **Ambivalence** : Caractère de ce qui comporte deux composantes de sens contraire, ou de ce qui se présente sous deux aspects.
- **Axiologique** (interprétation) : Qui a rapport avec les valeurs.
- **Dichotomie** : Opposition entre deux éléments, contrastes.
- **Dualité (de l'image)** : Coexistence de deux éléments de nature différente.
- **Emblème** : Ornement symbolique.
- **Focalisation** : Action de concentrer en un point.
- **Générique (titre)** : Opposé de spécifique.
- **Intertextualité** : Ensemble de relations entre plusieurs textes ou œuvres.
- **Mise en abîme** : C'est une image dans une image. Il s'agit d'un procédé qui consiste à représenter dans un détail du tableau, le sujet du tableau tout entier.
- **Polarisation (de l'image)** : Division en pôles opposés.
- **Polysémie** : Qui possède plusieurs sens.
- **Portée de l'œuvre** : Le retentissement, les conséquences.
- **Résonance** : Répercussion, impact.

# → Image commentée n° 1

Source : *L'homme au canotier*, août 2022, Col de Vence

## 1. Contextualisation

- **Type d'image** : Photographie en noir et blanc.
- **Contexte** :
  - Auteur : Di Besso.
  - Date : 2022.
  - Titre : L'homme au canotier.
  - Contexte d'actualité : L'environnement.
- **Nature** : Photographie numérique.
- **Style/Thématique** : L'homme face à la nature.

## 2. Dénotation/Description

- **Description spatiale** : Un homme vu de dos face à l'immensité de la nature – Pas de visage identifiable et torse nu mais avec un canotier sur la tête d'où l'aspect insolite ou culturel (Sud de la France). Aspect de l'anonymat de l'homme qui peut être la figure emblématique de la réflexion humaine sur la nature. Il s'agit d'un regard que le spectateur ne peut pas voir. L'homme au canotier est placé au centre de la photographie et tous les champs de force convergent vers lui. Insister sur le contraste entre la force de l'homme et la menace des éléments (une terre visiblement aride, un ciel menaçant avec beaucoup de nuages).
- **Description chromatique** : Choix délibéré de la photo en noir et blanc pour mettre en valeur l'intensité et le relief. Contraste entre les jeux de lumière de la végétation très sombre et les roches très claires. Le noir et blanc donne également un aspect intemporel à la photo.
- **Cadrage et plan** : Plan d'ensemble général.
- **Angle de vue** : À hauteur de vue.

## 3. Interprétation de l'image

- **Grille esthétique** : Parallèle avec les œuvres de Jean Dubuffet qui a vécu dans la région de Vence – Photographie basée sur les contrastes (noir et blanc, l'homme et la Nature, verticalité de la posture de l'homme debout et l'horizontalité de la scène). L'esthétisme de la scène met en valeur les contrastes.
- **Grille symbolique** : Cet homme peut être le symbole d'une cause pour la défense de la nature et de l'environnement. Réflexion possible également sur la solitude face à l'immensité et la place de l'homme. Il a été immortalisé par Renoir dans son tableau intitulé *le déjeuner des canotiers*.
- Insister sur le symbole du canotier qui peut représenter l'insouciance et l'hédonisme. Gabrielle Chanel a été la première femme à le porter et le valoriser. Le canotier revêt un aspect très formel qui contraste avec le torse nu de l'homme. Analyse de la communication non verbale de l'homme : les pieds posés sur le rocher peuvent être le reflet de sa supériorité ou d'une prise de recul. Il est plus qu'un observateur car il domine la scène (position sur le rocher) et il est placé symboliquement au centre de l'image.

- **Grille axiologique** : L'unicité face à l'infini – Dichotomie entre le sentiment de liberté (dos nu, port du bermuda) et la formalité du canotier qui peut amener à une réflexion entre la liberté et le formalisme. Évoquer aussi la piste de la liberté et la fluidité des corps en harmonie avec la nature.

## 5. Conclusion

- **Intérêt** : Dimension esthétique. Photographie très récente (2022).
- **Portée de l'œuvre/lien avec l'actualité** : Interrogation sur la place de l'homme face à l'environnement.

## → Image commentée n° 2

### 1. Identification de l'image

- **Type d'image**: Photographie.
- **Contexte**:
  – Auteur: Sasin Tipchai.
  – Date: non connue.
  – Titre: vélo en Thaïlande.
  – Contexte d'actualité: vie en Thaïlande.
- **Nature**: Photographie numérique en couleur.
- **Style/Thématique**: Scène de la vie quotidienne.

### 2. Dénotation/Description

- **Description spatiale**: Scène de la vie dans la nature en Thaïlande. 2 personnages: un enfant sur un porte-bagage et un adulte qui pousse le vélo. L'enfant est habillé et l'homme est torse nu avec un chapeau type (symbole de la culture asiatique).
- **Description chromatique**: Dominance du vert (symbolique de l'espoir et de la nature). Mise en abîme du vert: le vert de la nature, du vélo, de la feuille portée par l'enfant.
- **Description cinétique**: Image en mouvement. Horizontalité de la trajectoire du vélo. Dualité du mouvement entre l'homme qui marche et l'enfant qui est sur le vélo.
- **Plan et angle de vue**: Plan d'ensemble à hauteur d'yeux.

## 3. Interprétation de l'image

- **Fonction de l'image et sens de l'œuvre** : Œuvre sur une scène de la vie quotidienne – attrait touristique – rapport transgénérationnel et regard sur l'enfance.
- **Grille esthétique** : Esthétisme des couleurs. Harmonie entre les personnes et la nature.
- **Grille symbolique** : Fusion entre les deux personnages et la nature – Idée d'insouciance qui se dégage. L'adulte est vecteur du mouvement et incarne la symbolique d'aller de l'avant.
- **Grille axiologique** : Thématique de l'harmonie et de la bienveillance.

## 4. Conclusion

- **Intérêt** : Regard transgénérationnel.
- **Portée de l'œuvre/lien avec l'actualité** : Image apaisante de l'Asie (visée touristique) après la pandémie. Rapport harmonieux avec la nature.

## → Image commentée n° 3

## 1. Identification de l'image

- **Type et nature de l'image** : Photographie numérisée en couleur.
- **Contexte** :
  – Auteur : Maruf Rahman.
  – Date : 2021.
  – Titre : Femmes dans la foule.
  – Contexte d'actualité : Manifestation de femmes en Inde.
- **Style/Thématique** : Les femmes.

## 2. Dénotation/Description

- **Description spatiale** : Rassemblement de femmes. Aucun visage n'est visible. La photographie s'apparente à un patchwork. Les femmes occupent tout le champ visuel du document.
- **Description chromatique** : Jeu incroyable de couleurs très diverses. Toutes les couleurs sont représentées. Les corps sont masqués et seuls les tissus qui les habillent sont mis en valeur.
- **Description cinétique** : Arrêt sur image. Aucun mouvement apparent. Les femmes sont serrées les unes contre les autres mais il y a une idée de force qui se dégage de cette image. Manifestation qui semble silencieuse et pacifiste.
- **Plan et angle vue** : Vue aérienne et plan en plongée.

## 3. Interprétation de l'image

- **Fonction de l'image et sens de l'œuvre** : Prise de conscience des revendications des femmes en Inde.
- **Grille esthétique** : Notion d'esthétisme très fort dans ce document qui se révèle par le jeu et l'harmonie des couleurs.
- **Grille symbolique** : Idée de l'union et de la diversité. Dichotomie entre visible (les couleurs comme autant de femmes ou de diversités dans leurs représentations) et invisible (leurs visages et leurs combats). Manifestation pacifique (stature assise) qui peut faire référence au sit-in de Gandhi.
- **Grille axiologique** : Le statut et les revendications de la femme. Unicité et diversité.

## 4. Conclusion

- **Intérêt** : Prise de conscience des revendications des femmes.
- **Portée de l'œuvre/lien avec l'actualité** : Place des femmes – parallèle avec le mouvement *Me too.*

# → Image commentée n° 4

## 1. Identification de l'image

- Type d'image : Peinture.
- **Contexte** :
  - Auteur : Jean-Baptiste Greuze.
  - Date : XVIIIe siècle.
  - Titre : Portrait de fillette au petit chien.

**Style/Thématique** : Scène de genre à l'intérieur.

## 2. Dénotation/Description

- **Description spatiale** : Image en gros plan d'une petite fille avec son chien qui occupe tout le champ du document. La posture du chien est semblable à celle d'un enfant. Il y a un rapport très affectueux et tendre entre la fille et son animal de compagnie.
- **Description chromatique** : Alternance sur les contrastes entre la pâleur de teint de la fillette, la blancheur de ses vêtements et l'aura sombre à gauche. De nombreuses mises en abîme : le reflet auburn des cheveux se retrouve dans le coloris du pelage du chien.
- **Description cinétique** : L'image est statique et figée. Aucun des deux personnages ne bouge. En termes d'analyse de communication non verbale, la fillette a la tête légèrement penchée et son regard semble tourné vers l'artiste, contrairement à son animal de compagnie qui regarde dans une direction opposée. Son attitude peut témoigner d'une certaine sagesse ou timidité.

## 3. Interprétation de l'image

- Fonction de l'image et sens de l'œuvre.
- **Grille esthétique** : Jeux de lumière et d'éclairage. Délicatesse qui se dégage de l'œuvre. Douceur des tons clairs et du blanc.
- **Grille symbolique** : Ce document est une scène d'intérieur qui traduit une grande harmonie entre les deux personnages. Symbiose entre les deux personnages.
- **Grille axiologique** : Œuvre sur la pureté et l'innocence de l'enfance. Cette œuvre peut être interprétée comme une image d'Épinal.

## 4. Conclusion

- **Intérêt** : artistique.
- **Portée de l'œuvre/lien avec l'actualité** : Regard sur l'enfance. Une enfance préservée et heureuse. Parallélisme avec les auteurs qui ont dépeint l'enfance (Lewis Caroll avec *Alice au pays des merveilles*, les tableaux de Pierre Mignard). Image d'anthologie qui contraste avec les enfants victimes des guerres (Ukraine) et des conflits.

42

# → Comment se déroule l'échange avec le jury ? Les écueils à éviter

## 1. Comment se déroule l'échange avec le jury ?

- L'échange avec le jury constitue la dernière section de l'oral.
- Il dure environ une quinzaine de minutes.
- Il y a deux membres dans la Commission.
- Le jury n'a aucun accès aux notes du dossier du candidat.
- Il s'agit d'un dialogue libre et bienveillant dans lequel le jury va demander au candidat d'approfondir certains points ou le questionner sur ses motivations et son projet professionnel.
- C'est donc un temps de parole qui est donné au candidat pour convaincre et évaluer son sens critique, son ouverture d'esprit et sa mobilisation intellectuelle.

## 2. Les écueils à éviter

- Ne soyez pas sur la défensive face aux questions posées et répondez toujours de manière constructive.
- Montrez toujours la cohérence entre vous et Sciences Po.
- Donnez le plus de précisions possibles sur votre projet professionnel. De trop nombreux candidats se contentent de dire qu'ils veulent faire du journalisme ou travailler dans la diplomatie. Gagnez en précision : quel organisme diplomatique ? Avec quelles missions ? Dans quels buts ? Donnez des noms de figures emblématiques auxquelles vous aimeriez vous identifier.
- Ne vous fabriquez pas un personnage. Sous prétexte que cela est valorisé, les candidats s'inventent des causes (écologie, accueil et défense des migrants…) sur lesquelles ils n'ont que peu de connaissances. Ne mettez en avant que vos propres centres d'intérêt et non « ceux dans l'air du temps ».
- Par ailleurs, il est inutile de les multiplier. Un bon engagement réel et militant vaut plus qu'un foisonnement d'actions disparates.

## → Les questions à préparer sur votre parcours et votre motivation

Pendant l'échange libre, le jury va vous poser un certain nombre de questions que vous pouvez anticiper et préparer car il y a beaucoup de chances qu'elles « tombent » le jour de l'oral. Les réponses proposées ne sont que des pistes de réflexion. Libre à vous de vous en inspirer et de les adapter à votre parcours.

→ ***Quel est votre attrait pour les sciences humaines et sociales ?***

- Parlez de vos lectures (vous devez être capable de maîtriser vos références et le contenu du livre cité !), des cours et des séminaires suivis, d'un fait d'actualité qui vous a captivé et qui vous a motivé. Dans « Sciences humaines et sociales », vous pouvez inclure un ensemble de disciplines étudiées au lycée : l'histoire, la philosophie, l'option Droit et Grands enjeux du monde contemporain (option DGEMC au bac), l'économie, les sciences politiques.
- Si vous avez un profil plus scientifique, ne reniez pas vos origines. Vous pouvez avoir choisi la spécialité physiques-chimie en Terminale et avoir un goût très prononcé pour les sciences humaines et sociales. Votre attrait pour les sciences sociales n'est pas conditionné à vos choix de spécialités de Première ou de Terminale.
- Dans votre réponse, montrez votre connaissance et votre culture dans ces matières.

→ ***Que pourriez-vous trouver à Sciences Po que vous ne trouveriez pas ailleurs ?***

- Montrez ce qui fait la force de Sciences Po : son ouverture à l'international, son parcours civique et sa maquette pédagogique.
- Vous devez être capable de citer des cours qui vous plaisent et correspondent à votre choix d'orientation académique.
- Montrez en quoi Sciences Po s'inscrit dans la logique de votre parcours académique.
- Justifiez ce point également par votre choix de campus et votre volonté de vous spécialiser sur une zone géographique.

→ ***Pourquoi Sciences Po et non une autre institution ?***

- Il faut montrer que Sciences Po est votre premier choix mais le jury n'est pas dupe et sait que vous avez émis d'autres vœux sur Parcoursup. Énoncez-les en toute franchise et montrez en quoi Sciences Po est davantage justifié par rapport à votre projet professionnel (pluridisciplinarité, année de mobilité à l'étranger).
- Ne critiquez pas les autres institutions et ayez toujours un regard positif.

→ ***Que pensez-vous pouvoir apporter à Sciences Po et pourquoi vous et pas un autre candidat ?***

- Mettez en valeur votre parcours académique (double diplôme, études internationales, lycée français), votre engagement (politique, associatif, sportif) et surtout votre personnalité.
- Comme lors d'un entretien de recrutement, vous présenterez vos forces et vos spécificités, tout ce qui peut vous démarquer des autres candidats.
- Soyez concret, notamment quand vous allez évoquer votre engagement et la manière dont vous pourriez vous engager au sein de l'institution.
- Ayez une bonne connaissance des associations étudiantes qui existent sur chacun des campus auxquels vous postulez.
- Vous devez pouvoir expliquer quelles actions concrètes vous pourriez entreprendre.
- Ne multipliez pas les actions : mieux vaut en développer une en détail que de vous perdre dans un foisonnement d'initiatives qui pourrait donner l'impression au jury que vous êtes désorganisé et que vous partez dans tous les sens.

44

## Les questions à anticiper sur votre projet professionnel

Durant l'échange avec la commission, le jury va évaluer la pertinence ainsi que la recevabilité de votre projet professionnel.

Voici les principales questions à préparer en amont de l'entretien :

→ ***Quel est votre projet professionnel ?***

- Même si vous êtes très jeune, vous devez arriver le jour de l'oral avec un projet professionnel construit et montrer que vous y avez réfléchi.
- Votre projet doit être clair et aussi précis que possible. Par exemple, si vous envisagez de travailler dans la diplomatie, renseignez-vous au préalable sur les modalités du concours du Quai d'Orsay (concours général ou concours d'Orient), les débouchés et les missions du poste envisagé (attaché culturel, conseiller spécialisé d'ambassade, chargé du protocole, chargé des affaires consulaires et chancellerie).
- Je vous conseille de faire « une fiche métier » et de la connaître par cœur.

→ ***Comment Sciences Po peut vous aider à réaliser votre projet professionnel ?***

- Vous devez montrer la cohérence entre votre parcours académique, Sciences Po et votre projet. Sciences Po doit être un vecteur pour vous mener à votre ambition professionnelle.
- Renseignez-vous sur le Master que vous souhaiteriez suivre et montrez en quoi il correspond à votre projet (choix des cours, intervenants professionnels).
- Intégrez les stages que vous envisagez de faire en 3$^{e}$ année si vous décidez de ne pas partir dans une université partenaire à l'étranger.

→ ***Quelles sont les compétences nécessaires pour mener à bien votre projet professionnel ?***

- Listez toutes les compétences attendues du métier que vous envisagez de faire. Par exemple, si vous envisagez de travailler dans le journalisme, il faudra mettre en avant votre curiosité intellectuelle, votre réactivité et votre goût pour l'actualité.

- Renseignez-vous sur les grandes figures du métier que vous envisagez de faire.
- Vous devez pouvoir être capable de citer des professionnels emblématiques.

# → Comment répondre aux « questions réactivité » pendant l'entretien ?

Après avoir évalué votre motivation et votre projet professionnel, le jury peut être amené à vous poser des questions plus déroutantes afin d'évaluer votre réactivité et votre sens de la répartie.

→ ***Si vous êtes accepté, y a-t-il quelque chose qui vous ferait peur à Sciences Po ?***

- Ne répondez surtout pas par l'affirmative.
- Transformez la notion de peur en défi. Par exemple, si vous avez peur du niveau attendu en économie étant donné que vous venez d'une filière scientifique, mettez en avant votre capacité de travail et votre curiosité à découvrir ou approfondir de nouvelles matières.

→ ***Quelle serait la limite de votre engagement ?***

- Montrez que vous êtes un candidat engagé en vous justifiant par vos actions menées dans le passé.
- Votre limite est personnelle : elle peut être temporelle (trouver un compromis entre le temps nécessaire pour étudier et les heures dédiées à votre engagement), logistique (distance physique, déplacements géographiques) ou idéologiques (changement de direction, nouvelles orientations).

→ ***Quel est le dernier événement de l'actualité qui vous a marqué et pourquoi ?***

- À partir de votre année de Terminale, vous devez suivre très régulièrement l'actualité et vous faire des fiches sur les grands événements en cours.
- Prenez l'habitude de suivre la presse tous les jours. Vous pouvez télécharger les applications des grands quotidiens (*Le Monde, Le Figaro, Libération*) sur votre téléphone portable et les consulter dès que vous avez un moment de temps libre dans la journée. Dix minutes par jour suffisent.

# → Comment mettre en avant ma motivation ?

**Rappel**

Le concours d'entrée à Sciences Po Paris est extrêmement sélectif avec plus de 20 000 candidats. Comment vous démarquer et faire une vraie différence le jour de l'oral ?

Votre motivation va vous différencier, encore faut-il bien la mettre en valeur le jour de l'échange avec le jury. Voici mes quatre conseils.

## 1. Conseil 1 : Mettre en valeur son histoire et ses atouts

- Prenez une heure et listez tous vos points de réussite et d'accomplissement dans votre parcours académique, votre vie associative et vos centres d'intérêt.
- Posez-vous les bonnes questions sur vous-même et répertoriez tout ce que vous pourriez apporter à l'institution.
- Essayez de les catégoriser et de montrer en quoi vous avez une valeur ajoutée.
- Soyez honnête et n'inventez rien.
- Valorisez chaque élément, même ceux qui vous semblent les plus anodins en adoptant la « positive attitude ».
- Ayez des convictions et des envies que vous souhaitez communiquer au jury.
- Soyez convaincant sans tomber dans la familiarité.

## 2. Conseil 2 : Renvoyer une image professionnelle

- Considérez cet échange libre avec le jury comme votre premier entretien professionnel.
- Vous devez vous placer dans la posture d'un jeune adulte qui a un projet professionnel et non plus comme un bachelier.
- Habillez-vous de manière professionnelle le jour de l'épreuve même si l'oral est par visioconférence. Évitez les tee shirts et les sweats.

- Choisissez un fond coloré qui vous met en valeur.
- Pour les candidats hommes, vous n'êtes pas obligés d'adopter le look « petit monsieur costume cravate » mais revêtez une chemise ou un polo.

## 3. Conseil 3 : Préparer l'épreuve et non l'improviser

- Il n'y a pas de place pour l'improvisation dans un concours aussi sélectif.
- Vous devez absolument vous préparer et vous entraîner avant l'épreuve. Vous pouvez vous entraîner à faire des simulations de jury avec vos camarades.
- Pensez à vous filmer. Vous serez surpris de découvrir vos tics de langage ou des répétitions gestuelles.
- Faites vos simulations en vous chronométrant (pas plus de 15 minutes) et en restant bien concentré.
- Répondez à la fiche des questions anticipées afin de baliser le plus grand nombre d'interrogations. Plus vous aurez préparé les questions d'entretien, plus vous serez à l'aise.
- Ayez une connaissance parfaite de la maquette pédagogique et des cours enseignés sur les campus que vous présentez.

## 4. Conseil 4 : Mettre en évidence la cohérence entre votre parcours, Sciences Po et votre projet professionnel

- Soulignez également que vous êtes en adéquation avec les valeurs de Sciences Po (ouverture d'esprit, esprit critique, attrait pour l'international, goût pour la réflexion autour des sciences humaines et sociales).
- Développez la façon dont vous vous projetez dans l'école, dans quelle association vous souhaiteriez-vous investir, quels seraient vos projets au sein de l'École.
- Montrez pourquoi Sciences Po est votre choix premier par rapport à d'autres universités ou Grandes Écoles.

## Je retiens

Je liste mes atouts et mon histoire

Je les mets en valeur

J'anticipe les questions possibles

Je fais des simulations d'entretien

Je montre la cohérence entre Sciences-Po et mon parcours

Je réfléchis à mes projets pour Sciences-Po

# → Opportunités et remédiations

L'échange libre avec le jury est un point décisif car il offre au candidat une chance d'apporter des correctifs et de développer un point qui a été très rapidement abordé pendant la présentation du candidat ou le commentaire d'image.

## 1. Que dire et comment le dire ?

Le jury a une attitude bienveillante à l'égard du candidat et, contrairement aux idées reçues, il n'est pas là pour le piéger.

Profitez de ce temps d'échange pour :

- Développer un point de votre parcours ou de votre engagement plus en détail.
- Mettre en avant vos compétences.

## 2. Mettre à profit ce temps d'échange

- Revenir sur un des éléments évoqués dans le commentaire d'image. N'y voyez pas une question piège mais une opportunité d'affiner votre analyse. Vous pouvez également changer d'avis et revenir sur un de vos propos. Cette démarche montre votre recul et votre regard critique. Vous n'êtes pas figé dans un propos et vous vous interrogez.
- Le jury peut vous proposer d'autres pistes d'analyse et de réflexion sur l'image. Prenez-le comme une occasion d'échanger vos points de vue et de discuter en bonne intelligence. Le but est de rester ouvert et de bien justifier ses propos.

48

# → Les critères d'évaluation de l'oral

Pendant les 30 minutes d'entretien, le jury va vous évaluer sur votre prestation orale afin de vous départager.

Sur quels critères pourriez-vous être évalué ?

## 1. Sur votre présentation de deux minutes

- Le respect du temps de deux minutes de prise de parole.
- La structuration de votre discours.
- Votre éloquence : la présentation doit être fluide et non lue, votre qualité de persuasion.
- L'originalité et la créativité de votre discours.

## 2. Sur le commentaire d'image

- La qualité de votre description de l'image : les remarques sont-elles structurées et organisées ?
- Une description qui dure au moins deux minutes.
- La pertinence de votre analyse.
- Le lien entre le document et les enjeux actuels.
- L'analyse de la portée de l'image dans la temporalité.

## 3. Sur l'échange libre

- Votre motivation à postuler à Sciences Po.
- L'adéquation entre votre parcours académique, votre choix de campus, de majeures et votre projet pour Sciences Po.
- Votre capacité à avoir une écoute active et à répondre avec pertinence aux questions du jury.
- Votre clarté d'expression et votre élocution.
- Votre connaissance de l'institution.
- Votre adéquation avec les valeurs de l'École.

49

# → Les questions techniques

**Rappel**

- L'épreuve est en ligne et se fait à distance en vidéoconférence.
- Les candidats reçoivent une convocation avec un jour et un horaire de passage précis.
- Il serait dommage de mal commencer l'oral en raison de problèmes techniques. Même si ces points semblent évidents, il faut les vérifier afin d'éviter tout stress de dernière minute qui vous mettrait dans une situation inconfortable.

## Les points techniques à vérifier avant l'entretien

- Mettez un fond d'écran le plus impersonnel possible. Le jury ne doit pas voir l'intérieur de votre appartement.
- Testez votre micro et votre caméra avant l'entretien et vérifier également si votre fond d'écran est bien flouté ou neutre.
- Préparez votre carte d'identité près de vous avant l'oral car elle vous sera demandée.
- Votre ordinateur doit être chargé et relié à une prise de courant afin d'éviter toute interruption pendant l'entretien.
- Vérifiez bien votre connexion internet.
- Connectez-vous sur le lien de vidéoconférence **20 minutes avant le début de l'épreuve**. Votre nom s'affichera et vous serez placé dans une salle d'attente virtuelle.
- Assurez-vous d'être seul dans une pièce isolée et sans perturbation extérieure afin de ne pas être dérangé.
- Prévenez également votre entourage de ne pas faire de bruit pendant votre entretien.

## → Comment clôturer l'entretien d'admission ?

À la fin de l'entretien, le jury peut vous poser 4 types de questions :

→ ***Avez-vous quelque chose à ajouter ?***

Vous devez obligatoirement répondre par l'affirmative. Vous pouvez réaffirmer votre motivation et votre choix pour Sciences Po.

→ ***Souhaitez-vous compléter un point que vous n'avez pas pu suffisamment développer pendant l'oral ?***

Prenez cette question comme une opportunité de compléter une de vos réponses, notamment sur l'image. Vous ne pouvez pas refaire tout votre commentaire mais vous pouvez en revanche ajouter un point sur votre grille d'interprétation.

→ ***Souhaitez-vous poser une question au jury ?***

En aucun cas vous ne pouvez demander au jury un retour sur votre prestation orale, et encore moins leur poser des questions d'ordre personnel. En revanche, vous pouvez leur poser une question sur leur parcours et leurs missions à Sciences Po.

→ ***Quel est votre plan B et quels sont vos autres choix sur Parcoursup ?***

Cette question ne présage en rien de votre non-recevabilité. C'est une question classique généralement posée à tous les candidats. Répondez en toute franchise en indiquant les écoles/universités dans lesquelles vous avez déjà été admis mais insistez sur le fait que Sciences Po est votre premier choix.

**Mes conseils**

- Dans tous les cas, vous devez impérativement terminer sur une note extrêmement positive et redire votre motivation et votre détermination à intégrer Sciences Po. Ces dernières minutes de clôture d'entretien sont un vrai enjeu de communication : vous devez apparaître souriant et motivé.
- N'hésitez pas, à la fin de l'entretien, à remercier le jury.
- Une fois l'entretien terminé, pensez à bien vous déconnecter de Zoom.

# Partie 5
# Annexes

# Foire aux questions

1. **Comment s'inscrire sur Parcoursup ?**

   L'inscription se fait en ligne.

2. **Quand puis-je m'inscrire sur Parcoursup ?**

   L'inscription se fait entre janvier et avril de l'année de Terminale.

3. **Quand vais-je savoir si mon dossier est retenu ?**

   Généralement, les candidats reçoivent un courriel début mai.

4. **Quand ont lieu les oraux d'admission ?**

   Ils ont lieu entre mi-mai et mi-juin. Les résultats d'admission sont communiqués fin juin.

5. **Combien y a-t-il de candidats pour la session 2022 ?**

   En 2022, il y a eu environ 20 000 candidats et environ 4 800 admis.

   Le concours est donc extrêmement sélectif et nécessite une préparation en amont.

6. **Je n'ai pas d'expérience à l'étranger.**

   Il n'est pas obligatoire d'avoir une expérience à l'étranger. Le jury apprécie les profils à l'international mais vous ne serez pas pénalisé si vous n'avez pas effectué de séjours hors-frontières. En ce qui concerne votre « expérience à l'étranger », essayez de lister tous les séjours scolaires, familiaux, sportifs où vous vous êtes rendu dans un autre pays, même pour un week-end.

7. **Je n'arrive pas à choisir mes campus.**

   Le choix de campus est déterminant et doit être fait en adéquation avec votre parcours académique et votre projet. Sa cohérence est essentielle. Il ne faut faire aucun choix par défaut. Vous avez toute latitude pour faire vos deux choix mais il faut absolument qu'ils soient justifiés et en adéquation avec vos études, vos centres d'intérêt et les langues parlées. Prenez le temps de la réflexion et regardez la maquette pédagogique de chaque campus.

8. **Puis je choisir 2 campus en région ?**

Oui, absolument.

9. **J'ai de la famille à Paris. Est-ce un argument dans mon choix de campus ?**

Non, cela n'est pas recevable. Vous pouvez toujours l'évoquer pendant l'entretien mais cela n'est par un argument pour le jury.

10. **J'ai toujours vécu en province. Est-ce un argument pour demander le campus de Paris ?**

Non, mais vous pouvez évoquer votre intérêt pour découvrir une ville centrée sur la culture en le reliant à vos aspirations.

11. **Si un de mes parents est d'origine hispanique, ai-je plus de chance d'intégrer le campus de Poitiers ?**

Si vous avez une double culture, cela peut effectivement être un élément facilitateur. Ce qu'il faut, c'est démontrer la logique entre votre parcours, les langues parlées et le choix de campus.

12. **Je viens d'un lycée français à l'étranger, dois-je choisir un campus en lien avec la zone géographique de mon lycée ?**

Oui, cela serait plus cohérent.

13. **Quels documents dois-je déposer sur Parcoursup ?**

Vous devez déposer vos 3 bulletins de Seconde, vos écrits de motivation et votre essai.

14. **Sur Parcoursup, est-il possible de postuler à la fois pour le programme du Collège universitaire et pour un double diplôme ?**

Oui, vous pouvez postuler pour les deux mais cela serait deux choix différents.

15. **Peut-on mettre en avant les stages professionnels, les petits boulots ?**

Oui, bien sûr.

16. **Faut-il parler de nos choix de spécialisation dans notre présentation de 2 minutes ?**

Oui, absolument. Rappelons que le jury n'a aucune information sur vous, excepté votre nom et vos deux choix de campus.

17. **J'ai un mauvais bulletin de Seconde.**

Il est malheureusement obligatoire de déposer vos bulletins de Seconde. Rassurez-vous, le jury tient compte de votre évolution et de vos progrès entre la Seconde et la Terminale.

18. **J'ai un parcours atypique.**

Tous les parcours sont acceptés du moment que vous êtes bachelier. Essayez de mettre en valeur votre originalité. Le jury ne recrute pas nécessairement un profil mais un candidat ouvert, avec un sens critique et qui sait engager un dialogue pertinent et constructif.

19. **J'ai un parcours scientifique avec aucune option en sciences sociales.**

Les bacheliers de toutes les séries peuvent se présenter aux épreuves de sélection.

20. **Quels centres d'intérêt dois-je mettre en valeur ?**

Soyez vous-même et exprimez vos centres d'intérêt artistiques, sportifs, littéraires, associatifs. Tous vos centres d'intérêt sont les bienvenus du moment que vous pouvez en parler et qu'ils expriment une facette de votre personnalité.

21. **Je suis un sportif de haut niveau.**

Vous pouvez le mentionner dans votre dossier Parcoursup en le justifiant.

22. **Puis je inclure une lettre de recommandation avec ma candidature ?**

Non, cela n'est pas demandé.

23. **L'entretien peut-il se dérouler avec une partie en anglais si je postule pour un campus anglophone ?**

Oui, le jury peut vous poser quelques questions en anglais pour vous tester mais la majorité de l'entretien se déroulera en français.

**24. Quels sont les campus anglophones ?**

Les deux campus anglophones sont le campus de Reims et celui du Havre.

**25. Faut-il parler des associations que je souhaiterais rejoindre si j'intègre Sciences Po ?**

Oui, absolument.

**26. Le jury peut-il me poser des questions sur la zone géographique du campus choisi ?**

Non.

**27. Dois-je appartenir à un parti politique ?**

Non, ce n'est pas une obligation même pour une grande école en sciences politiques !

**28. Est-ce que je dois avoir une idée des cours proposés en Bachelor ?**

Oui, il est très important que vous ayez une maîtrise totale des cours qui sont proposés en première et deuxième années.

**29. Le jury peut-il me reprocher de ne pas avoir un projet professionnel précis ?**

Non.

**30. Dois-je parler de mes autres choix, et éventuellement réponses, sur Parcoursup ?**

Oui, si le jury vous pose la question. Indiquez clairement que Sciences Po est votre choix prioritaire.

**31. Puis je changer de choix d'image au cours de l'oral ?**

Non, cela est impossible.

**32. Puis je poser des questions au jury ?**

Oui, absolument. Généralement une minute avant de la fin de l'épreuve, le jury peut vous demander si vous avez une question à lui poser. Il convient donc de l'anticiper.

33. **Dois-je parler du master que je souhaiterais poursuivre à Sciences Po pendant l'oral ?**

Oui, absolument. Cela montre que vous avez une connaissance de la formation et de la maquette pédagogique.

34. **Quelqu'un de ma famille a été étudiant(e) à Sciences Po, dois-je le mentionner pendant l'oral ?**

Ce n'est pas une obligation et ce qui compte, c'est vous.

35. **J'ai oublié de parler de mon choix de campus pendant ma présentation de 2 minutes, que faire ?**

Le jury vous posera certainement la question pendant l'entretien et vous pouvez le rappeler au tout début de votre échange avec les membres de la commission.

36. **J'ai un problème de connexion juste avant le début de l'épreuve ou pendant l'épreuve. Que faire ?**

Vous devez immédiatement contacter le service des admissions. Leur fiche de contact sera indiquée sur votre convocation.

37. **Que faire si je n'ai pas d'engagement associatif ?**

Soyez honnête et indiquez en revanche les associations de Sciences Po que vous aimeriez soutenir ou développer.

38. **Dois-je connaître par cœur la maquette pédagogique de Sciences Po ?**

Non, mais vous devez bien la maîtriser.

39. **Si je suis bousier(e), dois-je le dire à l'oral ?**

Il n'y a aucune obligation. Cette donnée figurera sur votre dossier Parcoursup mais le jury n'en n'aura pas connaissance à l'oral.

40. **Dois-je parler de mes choix de spécialités suivis en Terminale ?**

Oui, vous pouvez le rappeler lors de vos deux minutes de présentation.

41. **Je n'ai pas choisi la spécialité Histoire-Géographie, Géopolitique et Sciences politiques (HGGSP) en Terminale, puis-je quand même postuler ?**

Oui, bien sûr.

**42. Dois-je rappeler pendant l'oral les mêmes points que ceux de ma lettre de motivation ?**

Oui, vous pouvez car le jury n'a pas connaissance de vos écrits et n'a pas accès à votre espace Parcoursup. Il ne sait donc rien sur vous.

**43. Le jury connaît-il mes notes d'admissibilité ?**

Non, le jury ne connaît pas vos notes.

**44. Le jury d'oral a-t-il eu connaissance de mon dossier sur Parcoursup ?**

Non.

**45. Le jury est-il composé d'anciens élèves de Sciences Po ?**

Il est composé de deux examinateurs, généralement un professeur et un membre du personnel administratif de Sciences Po. Les deux membres peuvent être des anciens élèves mais ce n'est pas une obligation.

**46. Dois-je parler de mon choix de 3e année à l'étranger ?**

Oui, absolument.

**47. Dois-je parler du parcours civique que je souhaite réaliser à Sciences Po ?**

Oui, c'est important de le préciser.

**48. Dois-je prioritiser mes deux choix de campus durant l'oral ?**

Oui, vous pouvez tout à fait le faire et exprimer votre ordre de priorité en les justifiant.

**49. Je n'ai pas suivi de DNL en anglais au lycée. Suis-je pénalisé(e) si je veux postuler pour un campus avec des cours en « English track » ?**

Non, absolument pas. Le seul critère est votre niveau d'anglais et votre capacité à pouvoir suivre des cours dans cette langue.

**50. Combien de temps ai-je pour préparer mon commentaire d'images pendant l'oral d'admission ?**

Vous n'avez pas de temps de préparation, à part quelques secondes pour choisir entre les deux images.

# Quiz « Parlez-vous le langage Sciences Po ? »

1. **Que veut dire la Péniche en langage Sciences Po ?**
   - ☐ A. C'est la nouvelle arme nucléaire navale.
   - ☐ B. C'est le hall d'entrée de Sciences Po Paris.

2. **Qu'est-ce qu'un dîner de conf ?**
   - ☐ A. Il s'agit de conférences dînatoires.
   - ☐ B. C'est un dîner entre les enseignants et les étudiants.

3. **Qu'est-ce qu'un galop ?**
   - ☐ A. C'est une épreuve sportive.
   - ☐ B. C'est un examen.

4. **Que veut dire l'abréviation IP ?**
   - ☐ A. Inscription pédagogique.
   - ☐ B. International Parity.

5. **Qu'est-ce qu'une conférence de méthode ?**
   - ☐ A. C'est un cours magistral.
   - ☐ B. C'est un cours en petit groupe.

Réponses : 1 B • 2 B • 3 B • 4 A • 5 B

# Testez vos connaissances sur le parcours civique

1. **En quelle année a été créé le parcours civique ?**
   ☐ A. En 2021.
   ☐ B. En 2017.
   ☐ C. En 1995.

2. **Le parcours civique est…**
   ☐ A. Un enjeu à l'international.
   ☐ B. Un engagement citoyen.

3. **Je fais mon parcours civique.**
   ☐ A. En première année de Bachelor.
   ☐ B. Tout au long de mes 3 ans de Bachelor.
   ☐ C. Uniquement en 3e année de Bachelor.

4. **Je dois faire mon parcours civique obligatoirement sur mon lieu de résidence ?**
   ☐ A. Oui ☐ B. Non

5. **Je dois valider mon parcours civique pour valider mon Bachelor à Sciences Po ?**
   ☐ A. Oui ☐ B. Non

6. **La validation de mon parcours civique est conditionnée à un rapport que je dois écrire ?**
   ☐ A. Oui ☐ B. Non

7. **Ce rapport écrit s'appelle…**

☐ A. Le grand écrit.

☐ B. Le grand rapport.

☐ C. Le grand oral de Sciences Po.

8. **Lors de mon parcours civique, je dois obligatoirement faire un stage de terrain ?**

☐ A. Oui ☐ B. Non

9. **Je peux être dispensé de faire mon Parcours Civique si j'ai déjà un engagement associatif ?**

☐ A. Oui ☐ B. Non

10. **Seuls les étudiants internationaux doivent faire le Parcours Civique ?**

☐ A. Oui ☐ B. Non

Réponses : 1 B • 2 B • 3 B • 4 B • 5 A • 6 A • 7 A • 8 A • 9 B • 10 B

# Testez vos connaissances sur la 3e année à l'étranger

1. **La 3e année se passe obligatoirement à l'international ?**
   ☐ A. Oui ☐ B. Non

2. **Pendant cette 3e année, les étudiants ont la possibilité de faire une année mixte combinant semestre d'études et semestre de stage à l'international ?**
   ☐ A. Oui ☐ B. Non

3. **Sciences Po a des partenariats avec...**
   ☐ A. 478 universités.
   ☐ B. 255 universités.
   ☐ C. 308 universités.

4. **Les étudiants doivent obligatoirement passer un test de langue ?**
   ☐ A. Oui ☐ B. Non

5. **Les étudiants sont affectés en fonction...**
   ☐ A. De leurs enseignements liés à leur spécialisation.
   ☐ B. De leurs souhaits.

6. **L'ensemble des majeures peut être validé dans toutes les zones du monde ?**
   ☐ A. Oui ☐ B. Non

7. **Les étudiants doivent-ils choisir des universités compatibles avec leurs majeures d'enseignement ?**
   ☐ A. Oui ☐ B. Non

8. **Est-ce que le candidat obtient un diplôme de l'université étrangère partenaire à la fin de son année ou de son semestre ?**

☐ A. Oui ☐ B. Non

9. **Mes notes à Sciences Po sont-elles prises en compte dans le processus de sélection de l'université partenaire ?**

☐ A. Oui ☐ B. Non

Réponses : 1A • 2A • 3A • 4B • 5A • 6A • 7A • 8B • 9A

# Table des matières

Dépôt légal : janvier 2023 - N° imprimeur : 122274138

*Imprimé en France par Présence Graphique - Monts*